Alfonse

©2023. EDICO
Édition : JDH Éditions
77600 Bussy-Saint-Georges. France
Imprimé par BoD – Books on Demand, Norderstedt, Allemagne

Préface : Maryan Liver

Conception et réalisation couverture : Cynthia Skorupa

ISBN : 978-2-38127-329-7
Dépôt légal : mai 2023

Le Code de la propriété intellectuelle n'autorisant, aux termes de l'article L.122-5.2° et 3°a, d'une part, que les copies ou reproductions strictement réservées à l'usage privé du copiste et non destinées à une utilisation collective , et d'autre part, que les analyses et les courtes citations dans un but d'exemple et d'illustration, toute représentation ou reproduction intégrale ou partielle faite sans le consentement de l'auteur ou ses ayants droit ou ayants cause est illicite (art. L. 122-4).
Cette représentation ou reproduction, par quelque procédé que ce soit constituerait une contrefaçon sanctionnée par les articles L. 335-2 et suivants du Code de la propriété intellectuelle.

Cédric Murphy-Raisonnier

Alfonse

JDH Éditions
Nouvelles Pages

Préface

Quand Cédric m'a demandé de lire *Alfonse*, je m'attendais à discuter gentiment dramaturgie avec un jeune auteur, à lui donner quelques conseils, quoique mes conseils puissent bien valoir d'ailleurs, et à poursuivre ma route.

Que nenni !

Je me suis attachée à Alfonse, comme à Léonard, sans m'en rendre compte, avec douceur et tendresse, comme cela s'est passé avec les personnes qui me sont les plus chères, lors de nos rencontres. J'ai eu envie de les accompagner, de les consoler et de les secouer aussi, souvent ! Aujourd'hui, beaucoup d'œuvres, littéraires, cinématographiques, picturales, etc., sont tournées vers un sujet ou un message… un seul.

Mais nous traversons une époque brutale à bien des égards. La violence de la société actuelle n'incite pas à la nuance et au détail. À tel point que la bénignité, après avoir disparu des vocabulaires, a maintenant vu son idée même effacée de nos esprits. Dans cette agressivité ambiante, les revendications, de tout temps nécessaires à l'évolution des sociétés, ne semblent trouver leur voix que dans la mise en confrontation des différences, nous tournant ainsi les uns et les unes contre les autres, à l'échelle d'une société entière. Et on se voit noté, étiqueté, catégorisé, avec plaisir ou sans notre accord… Comble de l'injustice, on se voit parfois attribuer un camp contre lequel on a toujours lutté, parce qu'on n'appartient visiblement pas à l'autre camp… Et interdiction de sortir de sa case ! Comble de l'absurdité, les personnes revendiquant (de tous bords), à force de vouloir interdire aux « autres », finissent par restreindre leurs propres libertés. Comble de l'ironie, on lutte aujourd'hui contre les préjugés en préjugeant des intentions ou compétences des gens ne portant pas les mêmes stigmates, oubliant qu'ils sont nombreux à porter leurs propres fardeaux, visibles ou invisibles mais toujours bien réels. Mais comment reprocher leur violence à ceux et celles qui sont violentés depuis tant de siècles ? Comment réprimer un hurlement quand la fausse écoute et l'hypocrisie sont les seules réponses connues à une réclamation pacifique et légitime ?

Apparaît Cédric dans ma vie… Apparaissent Alfonse et Léonard. Quel plaisir de découvrir cette plume à la fois délicate, taquine et crue de Cédric, quel plaisir de constater son parti pris pacifiste. Le droit à l'indifférence retrouve ici ses lettres de noblesse. Et comprenons-nous bien, je ne parle pas de l'indifférence qui permettrait d'ignorer et donc de nier l'autre. Je parle de l'indifférence magnifique qui permet de se souvenir de nos similarités avant de se déchirer pour nos divergences. Qui permet de trouver en l'autre une sœur ou un frère. Qui permet de débattre sereinement pour s'enrichir des désaccords au lieu de chercher à convaincre par goût du prosélytisme. Qui laisse enfin de l'espace entre les cases, car quel que soit le nombre de petites boîtes que nous créerons, il y aura toujours des exceptions. Qui permet aussi de savoir quand se taire, parce que vraiment on n'y connaît rien, et qui permet d'entendre l'avis d'une personne même non légitimée, car un regard neuf, neutre, n'est pas forcément juste mais peut ouvrir de nouvelles perspectives.

L'indifférence qui permet de sortir de la souffrance de ce hurlement de douleur permanent, parce qu'on peut être, enfin, en paix. Et ce que beaucoup, à n'en pas douter, verront comme le sujet de la pièce n'en est qu'à peine un détail…

Et cette non-revendication laisse la place à l'amour, à la créativité, à l'humanité des personnages. On peut parler de théâtre avec cette pièce, d'artistes maudits, d'humour, d'amitié, de patience, de complexes, de préjugés, d'acceptation de soi, de nuance et d'intrication des sentiments… Quelle richesse. J'ai cette chance, je suis metteuse en scène. Je peux justement prendre les comédiens et leurs personnages par la main, et les accompagner.

Mais est-ce que j'appartiens au bon camp ? …

Nous en parlons avec Cédric, et il décide de prendre la liberté de choisir son équipe en fonction d'affinités, d'esthétiques artistiques et de compétences, pas en fonction de cases.

Et nous voilà embarquant par envie, par conviction et par passion, hors des modèles manichéens de notre époque. Car nous ne voyons pas le monde en noir et blanc mais bien avec toutes les couleurs et nuances du spectre d'un arc-en-ciel.

En route pour ce nouveau voyage, allons célébrer l'amour, et ne vous y trompez pas : si Léonard peut paraître « fleur bleue » par moments, cette pièce et sa vision de l'amour sont tout sauf naïves.

Maryan Liver

Comédienne
Metteuse en scène
Professeure de théâtre

« *C'est une extraordinaire chose que le théâtre. Des gens comme vous et moi s'assemblent le soir dans une salle pour voir feindre par d'autres des passions qu'eux n'ont pas le droit d'avoir – parce que les lois et les mœurs s'y opposent.* »

André Gide

Scène 1

Je suis un peu en désordre aujourd'hui !

2019, un soir de janvier.
Hall du théâtre « Le hurleur ». Côté cour, se situe une porte où est indiquée « sortie des Artistes » ; au fond de scène côté jardin, un comptoir avec quelques programmes du théâtre qui traînent dessus, et au centre du plateau une petite banquette rouge, un fauteuil assorti autour d'une table basse ronde, un lustre orné de pampilles surplombe le tout.
À la levée de rideau, on découvre Léonard, seul, un programme à la main, attendant patiemment en regardant régulièrement la porte. Celle-ci finit par s'ouvrir, Alfonse arrive.

LÉONARD : Bonsoir.

ALFONSE : Bonsoir.

LÉONARD : Bravo, j'ai vraiment adoré !

ALFONSE : Merci ! C'est gentil.

LÉONARD : De rien, c'était vraiment très bien… Je suis fan de Marc Ferzan, et dès que j'ai l'occasion, je vais voir une de ses pièces.

ALFONSE : Ah oui ?

LÉONARD : Oui, ce n'est pas toujours évident, j'ai un restaurant à Montpellier, alors ce n'est pas toujours simple. Comme ce soir, j'ai fermé le restaurant pour pouvoir venir, un début de semaine, c'était plus simple.

ALFONSE : Vous avez fermé ce soir et fait la route jusqu'à Marseille pour venir voir la pièce ?

LÉONARD : Oui c'était vraiment l'occasion, j'avais pris des places l'été dernier pour voir cette pièce et je n'ai pas pu venir. Je ne pensais pas qu'elle allait retourner aussi vite et quand j'ai vu qu'elle se jouait un soir de semaine pas très loin… Enfin bref, je ne regrette pas, j'ai passé une excellente soirée.

ALFONSE : Vous avez déjà vu Marc ?

LÉONARD : Non, pas encore.

ALFONSE : Attendez, je vais voir où il est…

LÉONARD : Non, non, ne vous embêtez pas, il va bien finir par arriver, je veille !

ALFONSE : Non mais il faut que vous le rencontriez, ça fait plaisir, surtout que vous faites beaucoup d'efforts !

LÉONARD : Non mais c'est bon ! Je lui ai déjà dit ! Je l'ai déjà rencontré plusieurs fois. Il va me prendre pour un dingue. Je peux en profiter pour vous demander de signer le programme ?

ALFONSE : Oui bien sûr, avec plaisir ! Vous avez un stylo ?

LÉONARD : *(en cherchant dans ses poches)* Heu, non… C'est tout moi ! Je demande un… enfin bref… je…

ALFONSE : *(en souriant gentiment)* Attendez, je vais vous chercher ça !

Alfonse se dirige vers le comptoir, récupère un stylo et revient vers Léonard.

ALFONSE : Voilà ! C'est quoi votre prénom ?

LÉONARD : Léonard.

ALFONSE : Léonard ? *(écrit un petit mot, signe et tend le programme à Léonard)* Tenez.

LÉONARD : Merci beaucoup, je suis ravi d'avoir fait votre connaissance.

ALFONSE : Ah ben tiens, je crois que Marc arrive. Marc ! Marc *(il lui fait un signe de la main)*, viens, viens…

MARC : *(en arrivant)* Bonsoir.

LÉONARD : *(tout en lui serrant la main)* Bonsoir, comment allez-vous ?

MARC : Bien, je vous remercie, et vous ?

ALFONSE : *(derrière Marc, près de son oreille)* Marc, tu sais que c'est un fan ! Il a fermé son restaurant pour venir te voir ce soir.

LÉONARD : *(gêné)* Oui ! Non mais il le sait !

MARC : Vous avez fermé ce soir ?

LÉONARD : Oui, mais c'était vraiment l'occasion, comme j'ai expliqué à Alfonse. Et comme d'habitude, j'ai adoré !

MARC : Merci !

LÉONARD : *(en tendant en même temps le programme)* Je peux vous demander ?

MARC : Oui bien sûr ! Vous avez un stylo ?

ALFONSE : Tiens !

MARC : Merci. *(regarde le stylo)* Non, attends, je vais prendre mon stylo feutre, celui-là il tient. *(commence à fouiller dans son sac, il en sort un petit feutre noir)* Voilà, ça c'est du bon feutre pour signer, c'est comment déjà votre prénom ?

LÉONARD : Léonard.

MARC : Ah oui… *(Marc écrit un petit mot à son tour, signe le programme et le tend à Léonard)* Tenez !

LÉONARD : *(s'adressant à Marc et Alfonse)* Merci à vous ! Je vous remercie encore, passez une bonne fin de soirée.

MARC : Bonne soirée.

ALFONSE : Merci, vous aussi.

MARC : Alfonse, je vais boire un verre.

ALFONSE : Je vais fumer une cigarette.

LÉONARD : Je vous accompagne, j'y allais.

ALFONSE : Allez !

Léonard et Alfonse se dirigent vers l'avant-scène tandis que Marc sort de scène. Ils se dirigent vers le cendrier extérieur, Alfonse sort son paquet de cigarettes de sa veste et en propose une à Léonard.

ALFONSE : Tenez !

LÉONARD : *(ayant aussi sorti son paquet de cigarettes)* Merci, j'ai ! Par contre, je veux bien du feu !

ALFONSE : Vous êtes marrant, vous, vous voulez un autographe, vous n'avez pas de stylo, vous voulez fumer, vous n'avez pas de feu. Tenez ! *(Alfonse lui tend le briquet)*

LÉONARD : Heu… oui… merci.

Léonard se montre un peu gêné, il allume sa cigarette et rend le briquet à Alfonse.

ALFONSE : *(en riant gentiment)* Je plaisante, je ne voulais pas vous mettre mal à l'aise !

LÉONARD : Non, ça va, mais c'est vrai, je suis un peu en désordre aujourd'hui !

ALFONSE : En désordre ! C'est marrant comme expression… *(il commence à frissonner)* Mais c'est que ça pèle !

LÉONARD : Ah oui, mais vous savez, même dans le Sud, un mois de janvier avec un mistral comme ça ! C'est pour ça, j'avais prévu. *(tout en lui montrant son blouson)*

ALFONSE : Ah oui, je ne pensais pas rencontrer un temps comme ça à Marseille ! J'ai que ma petite veste, je vais choper la mort !

LÉONARD : Tenez, prenez ça.

Léonard déboutonne le haut de son blouson, enlève son écharpe et la tend à Alfonse.

ALFONSE : *(gêné)* Ben non !

LÉONARD : Allez-y, voyons, ce serait dommage que vous mouriez aussi jeune ! *(Il lui fait un petit sourire)* Vous me la rendrez tout à l'heure quand vous serez au chaud.

ALFONSE : *(en mettant l'écharpe autour de son cou)* Merci. C'est cool !... Alors comme ça, dès que vous pouvez, vous allez au théâtre ?

LÉONARD : Oui, comme je vous le disais, ce n'est pas toujours simple quand on tient un resto. Mais dès que j'ai l'occasion, j'y vais. Je vais souvent voir les pièces à Paris le dimanche après-midi, on a des vols réguliers, et comme ça, on n'est pas obligé de fermer le restaurant.

ALFONSE : Vous êtes allé voir *Atmosphère* ?

LÉONARD : Oui.

ALFONSE : Mais j'y étais, je jouais dedans ! Je jouais l'un des policiers. Vous m'avez déjà vu alors ?

LÉONARD : Je n'ai pas percuté sur le coup ! C'est vrai, désolé, mais vous étiez vraiment nombreux sur scène. Mais ce rôle dans la pièce de ce soir vous met beaucoup plus en valeur, et pour cause, vous êtes deux sur le plateau. Et j'ai vraiment adoré cette pièce !

ALFONSE : Vraiment ?

LÉONARD : Oui, ça m'a beaucoup touché, Je me suis laissé happer. Le personnage de Marc est très émouvant, quant au vôtre... Ce mousse... Il est un tantinet agaçant... Mais il sort de la tête à qui, ce mousse ? Ces mecs-là sont très marrants, mais dans la vraie vie, ils sont insupportables ! Je les appelle les « fout le camp / revient » !

ALFONSE : Des « fout le camp / revient » ?

LÉONARD : Oui. Vous savez ce genre de mec, vous savez que vous allez en chier avec lui, mais vous ne pouvez pas pour autant vous en passer. Le genre de mec qui vous énerve et à qui vous dites de foutre le camp tellement il vous tape sur les nerfs ; mais à peine il a fait un pas sur le côté, vous le rappelez en lui disant de partir mais pas loin, près, enfin qu'il reste quoi ! C'est le genre de mec que vous avez envie de choper par le colback et en seules représailles de lui faire un bisou *(en mimant)*… puis vient le moment où on a envie de savoir si c'est qu'une crapule…

ALFONSE : *(acquiesce et sourit)* Pas que crapule.

LÉONARD : Oui… Et puis aussi, on sent tout de suite une complicité entre vous deux !

ALFONSE : Oui. Ça fait un petit moment maintenant qu'on se connaît, c'est vrai qu'on a plaisir à travailler ensemble avec Marc.

LÉONARD : Je regarde attentivement le travail de Marc Ferzan, et là, je trouve que ça se voit tout de suite !

ALFONSE : À ce point ?

LÉONARD : Oui, non, je ne sais pas, c'est peut-être, plus un ressenti, j'étais dans les premiers rangs, et quand je vous ai vus tous les deux… enfin, c'est l'impression que j'ai eue en vous voyant ensemble sur le plateau. On apprend aussi…

ALFONSE : Vous faites du théâtre ?

LÉONARD : Oui… non… Enfin oui.

Alfonse se met à rire.

LÉONARD : Oui, je sais, je fais un peu couillon à dire oui, non. Je voulais dire, oui ; oui, j'en fais, mais je nuance, seulement en amateur, un peu de théâtre comique, de l'impro, quelques sorties en public, enfin voilà, rien de bien sérieux, rien de comparable en tout cas, je ne chercherais pas à comparer !

ALFONSE : Peu importe ! C'est bien de le faire, non ? Et puis de le faire, de se jeter dans l'arène, tout le monde n'est pas capable de le faire. Vous en savez quelque chose maintenant.

LÉONARD : Oui, vous avez sans doute raison. Mais vous, quel parcours atypique, passer d'escrimeur professionnel à l'école d'art dramatique, c'est singulier.

ALFONSE : Ah oui… vous savez ça ?

LÉONARD : Oui, Paris promotion 2008 ! *(Alfonse hausse un sourcil, il est surpris)* Je me renseigne, j'aime bien savoir. Cela dit, je vous remercie encore pour cette soirée, je me suis régalé. Je vais devoir vous laisser, j'ai de la route.

ALFONSE : Merci à vous ! C'était sympa ! Rentrez bien.

LÉONARD : *(en partant)* Merci ! Au revoir, et j'espère vous revoir sur scène bientôt !

ALFONSE : Au revoir.

Alfonse se retourne et revient vers le centre du plateau – à l'intérieur du hall du théâtre – vers la banquette et la table basse où il retrouve Marc, verre à la main.

ALFONSE : Ça va ?

MARC : Oui, tu veux boire un verre ?

ALFONSE : Oui.

MARC : *(lui montrant son verre de vin rouge)* Comme moi ?

ALFONSE : Très bien !

MARC : Ben dis-moi, c'était une sacrée pause cigarette !

Marc part et revient quelques minutes après avec un verre de vin pour Alfonse.

ALFONSE : *(en prenant le verre)* Merci, Marc. Il est marrant, ce mec.

MARC : Marrant ?… Bizarre ?!

ALFONSE : Ah bon ? Non… Tu trouves ?

MARC : Non, mais c'est vrai, il a l'air sympa ce type, et puis ça fait plaisir, le mec il ferme son resto pour venir te voir et il est prêt à traverser la France ! Tu réponds quoi, toi, à ça ?… C'est sûr, c'est adorable, c'est flatteur pour moi ; je suis touché, mais en même temps, le mec, la première fois, je te jure, je me souviens car il m'avait déjà dit à l'époque qu'il avait fermé pour venir, donc le mec il me demande un autographe, à peine j'ai terminé et remis le livret, le mec a disparu !

ALFONSE : Ah oui ?

Ils boivent une gorgée et Marc reprend.

MARC : C'est quand même singulier, attendre souvent assez longtemps, pour après partir aussi vite ! ... Tiens ? ... C'est quoi cette écharpe ? Tu ne l'avais pas tout à l'heure ?

ALFONSE : Ah non, mince, c'est vrai, j'ai complètement oublié de la lui rendre, il me l'a filée car je me caillais dehors et, et, et, et il est parti... J'ai juste eu le temps de lui dire au revoir !

MARC : C'est vrai, il est marrant en fait !

NOIR

Scène 2

Hasard ou coïncidence ?

Quelques mois plus tard, un samedi soir de mai… Au restaurant de Léonard « Chez Léonard ».
Un comptoir et un passe-plat se trouvent en fond de scène.
Léonard travaille dans le restaurant, il finit de parler à des clients installés au fond.

LÉONARD : Tout a été, Messieurs-dames ?… Vous désirez autre chose ?… Je vous apporte l'addition tout de suite.

Léonard se dirige vers le comptoir et prépare la note. Alfonse rentre côté jardin, il a un petit sac en papier à la main. Léonard le voit rapidement sur le côté sans le reconnaître.

LÉONARD : Bonsoir, je suis à vous tout de suite, Monsieur !

Léonard amène la note aux clients au fond du restaurant, revient vers Alfonse, de face cette fois, Léonard tique en le voyant mais ne dit rien.

ALFONSE : Bonsoir, il est toujours possible de dîner pour une personne seule ?

LÉONARD : Bien sûr, pas de problème. Je vous installe là ? Ça vous convient ?

ALFONSE : Très bien !

LÉONARD : Installez-vous (*en reculant la chaise*), je reviens tout de suite avec une carte.

ALFONSE : Merci.

Alfonse s'installe à table tandis que Léonard part vers le comptoir, un peu interrogatif, prend une carte et l'amène à Alfonse.

LÉONARD : Tenez.

ALFONSE : Merci.

LÉONARD : Vous désirez boire quelque chose pour commencer ?

ALFONSE : Un Perrier, merci.

LÉONARD : Tout de suite.

Léonard repart vers le comptoir, se retourne pour voir Alfonse. Il prend son téléphone, commence à pianoter dessus, le pose, prépare le Perrier, le pose sur le comptoir et reprend son téléphone. Il se dirige vers le passe-plat.

LÉONARD : Pstt… pstt, Benoit… Benoit…

BENOIT : (*Caché derrière le passe plat*) Oui ? Quoi ?

LÉONARD : Regarde là, le mec.

BENOIT : Où ?

LÉONARD : Là, juste devant, regarde, c'est bien lui, non ? (*Il lui montre une photo sur son téléphone*) C'est bien Alfonse ?

BENOIT : Fais voir (*il prend le téléphone de Léonard, regarde l'écran, puis Alfonse*). J'ai bien l'impression, oui ! Bon, dis-moi si c'est lui et préviens-moi quand tu me donneras son bon, que je le soigne !

LÉONARD : OK !

Léonard commence à fouiller derrière le bar, sort un sac à dos, fouille dedans un peu rapidement, il en sort une trousse de toilette. Il ouvre celle-ci tout aussi énergiquement en râlant dans sa barbe.

BENOIT : Mais tu cherches quoi là, à fouiller comme un hystérique ?

LÉONARD : Ta crème !

BENOIT : (*Agacé*) Quelle crème ?

LÉONARD : Ben la tienne là que j'te prends des fois, celle qui fait une bonne mine quoi !

BENOIT : (*Goguenard, en se moquant gentiment*) C'est sûr qu'avec la crème, ça va tout changer !

LÉONARD : Ta gueule !

Léonard continue de chercher.

BENOIT : (*tout en lui montrant avec le doigt*) Là ! Mais là, sur le côté, mais ouvre les yeux, là tu vois ?

LÉONARD : Oui, merci bébé !

BENOIT : (*d'un ton moqueur*) Ri-di-cule, tu es ridicule, mon pauvre ami.

LÉONARD : Oh ça va hein ! Non mais t'as vu ma gueule ?

BENOIT : Heu oui ! Tous les jours depuis 22 ans !

LÉONARD : Bon alors ? Tu...

BENOIT : Ce que je constate surtout, c'est que pour moi, tu ne fais plus aucun effort, mais dès qu'un beau mec t'émoustille, là comme par miracle, on se pomponne !

LÉONARD : Ça sent le cramé !

BENOIT : Ça sent le cramé, ça sent le cramé, c'est ça ! C'est toi qui es cramé !

Benoit s'éloigne, Léonard hausse les épaules, prend le tube de crème, se retourne vers un petit miroir dans un coin, se met de la crème sur le visage rapidement, essaye de se recoiffer, puis prend le verre de Perrier et l'apporte à Alfonse.

LÉONARD : Tenez. Vous avez fait votre choix ?

ALFONSE : Oui.

Léonard sort un calepin de sa poche arrière.

LÉONARD : Je vous écoute. *(il cherche son stylo et ne le trouve pas)* Je reviens.

Alfonse rigole gentiment, Léonard s'en va vite au comptoir et pose son calepin, prend un stylo et revient aussi sec.

LÉONARD : Voilà, je suis prêt ! (*En montrant son stylo – il cherche son calepin, il le voit sur le comptoir*) Maintenant, j'ai plus le calepin ! Je reviens. (*Alfonse se moque gentiment pendant que Léonard reprend son calepin et revient*) C'est bon, je vous écoute cette fois !

ALFONSE : C'est sûr ?

LÉONARD : Oui, c'est bon !

ALFONSE : Toujours aussi tête en l'air ! ... Une entrecôte bleue, sauce roquefort, s'il vous plaît.

LÉONARD : Très bien, vous désirez boire autre chose durant le repas ?

ALFONSE : (*En lui rendant la carte*) Vous avez du rouge au pichet ?

LÉONARD : (*En reprenant la carte*) Oui. Un quart ? Un demi ?

ALFONSE : Un quart ! Je vais être raisonnable !

LÉONARD : Très bien ! C'est parti.

Léonard apporte le bon au passe, prépare le pichet de vin rouge et une panière de pain. Il regarde de nouveau son téléphone – pendant ce temps, Alfonse regarde de temps en temps Léonard en souriant. Léonard s'approche de la table avec le pichet de vin et le pain, pose le tout sur la table.

LÉONARD : Voilà votre vin et le pain.

ALFONSE : Merci.

LÉONARD : (*en partant*) De rien.

ALFONSE : (*en se retournant vers Léonard*) Excusez-moi, vous avez un verre pour le vin ?

LÉONARD : (*se dépêchant d'aller lui chercher un verre*) Excusez-moi ! Tenez.

ALFONSE : Merci.

LÉONARD : Mais je vous connais, vous ?

ALFONSE : Ah bon ?

LÉONARD : Vous êtes bien Alfonse ?

ALFONSE : Oui.

LÉONARD : Ah je savais bien ! Ça me fait plaisir de vous voir ! Comment allez-vous ?

ALFONSE : Bien, je vous remercie, et vous ?

LÉONARD : Très bien ! Vous ne devez certainement pas vous souvenir, c'est normal, mais j'étais venu vous voir jouer dans *Schizo paquebot* à Marseille et on avait discuté quelques instants.

ALFONSE : Je me souviens très bien.

LÉONARD : Ah bon ? … Quel hasard de vous retrouver ici, vous faites quoi dans la région ?

ALFONSE : Je suis venu vous voir.

Léonard hausse les épaules en rigolant.

ALFONSE : (*reprenant*) J'accompagne Marc Ferzan, qui doit faire une masterclass à Montpellier, et je poursuis quelques jours pour profiter de votre belle région en vacances chez ma sœur.

LÉONARD : Vous connaissez la région alors ?

ALFONSE : Pas vraiment, ma sœur y est depuis peu.

LÉONARD : Et vous aimez le coin ?

ALFONSE : Je n'ai pas vu grand-chose encore, mais pour le moment, ça a l'air plutôt pas mal. Et le séjour commence plutôt bien… Il est sympa votre resto.

LÉONARD : Merci, je pense qu'il est à notre image.

ALFONSE : La vôtre et celle ?

LÉONARD : Moi et mon conjoint Benoit, qui est aussi le chef cuisinier.

ALFONSE : C'est vraiment sympa comme endroit.

LÉONARD : Ben, encore merci… Les coïncidences parfois…

ALFONSE : Ou pas !

LÉONARD : Ou pas ? Je ne comprends pas.

ALFONSE : Hasard ou coïncidence ?

Léonard, déconcerté, ne sait pas quoi répondre.

LÉONARD : *(il part vers le passe-plat)* Je crois que votre plat ne va pas tarder à sortir.

ALFONSE : *(toujours goguenard)* Je ne suis pas pressé !

LÉONARD : Ça sort la table 8 ?

BENOIT : Alors, c'est lui ?

LÉONARD : Oui… Hum… qu'est-ce qu'il est magnifique ce garçon… Sans même parler de son talent !

BENOIT : (*posant l'assiette sur le passe*) Tiens !

LÉONARD : Non vraiment, en plus, il est super bien gaulé… bibi biscoto et tout et tout…

BENOIT : Tiens !

LÉONARD : Et puis agréable, vachement sympa.

BENOIT : Tiens !

LÉONARD : Ça fait du bien de rencontrer des jeunes, gentils, bourrés de talents…

BENOIT : Oui, et très beaux, on sait ! Bon, vas-y, envoie l'assiette.

LÉONARD : (*agacé et de très mauvaise foi*) Oui et ben donne aussi !

BENOIT : Là ! Pff, heureusement que c'est le dernier bon !

Léonard prend l'assiette et l'amène à Alfonse.

LÉONARD : Voilà votre entrecôte.

ALFONSE : Merci… Alors ?

LÉONARD : Alors ?

ALFONSE : Hasard ou coïncidence ?

LÉONARD : (*sourire gêné*) Je ne sais pas quoi vous répondre… mais vous faites quelque chose après ?

ALFONSE : Rien.

LÉONARD : Je vous laisse dîner tranquillement et je vous invite à boire un verre après mon service au bar sur la place à côté, on aura le temps d'en discuter comme ça. Ça vous va ?

ALFONSE : Pourquoi pas ! Oui !

LÉONARD : Bon appétit !

ALFONSE : Merci.

NOIR

Scène 3

Ni hasard ni coïncidence pour le coup !

Au bar de chez Luc. La nuit est tombée, il fait encore une petite vingtaine de degrés sur cette place où des guirlandes multicolores habillent les arbres. Le brouhaha vient régulièrement couvrir l'ambiance musicale. Les lumières sont douces, une plus vive éclaire Alfonse, seul à une table, un verre presque vide à la main.
Léonard arrive, cherche Alfonse du regard, le voit et se dirige vers lui en se faufilant entre les tables. Il arrive à sa hauteur, il reste debout.

LÉONARD : Ça y est ! Semaine terminée ! Je commande, tu prends quoi ?

ALFONSE : Un cuba libre.

Léonard se dirige vers le bar et fait signe du bras.

LÉONARD : Luc… tu peux me faire 2 cuba libre, s'il te plaît ? Merci !

Léonard se dirige de nouveau vers Alfonse et s'assoit à sa table.

ALFONSE : On se tutoie ?

LÉONARD : Oh oui ! C'est plus sympa, non ?

ALFONSE : (*souriant*) Oui.

LÉONARD : Ça fait du bien de se poser !

ALFONSE : La semaine est terminée ou tu travailles aussi demain ?

LÉONARD : Non, demain et lundi, repos ! ... C'est sympa cette petite place, non ?

ALFONSE : Oui, il y a beaucoup de petites places comme ça à Montpellier, j'ai remarqué.

LÉONARD : Et dans le Sud, nous sommes le plus souvent dehors... Bon, je n'ai pas eu le temps de réfléchir à ton truc sur le hasard ou coïncidence.

Alfonse pose le petit sac en papier sur la table.

ALFONSE : Tiens ! Ça va t'aider...

LÉONARD : C'est quoi ?

ALFONSE : Ouvre !

Léonard s'exécute et ouvre le sac et en sort l'écharpe, surpris – rire

LÉONARD : Mon écharpe ? Oui, celle que je t'avais prêtée pour pas « choper la mort » à Marseille ! Mais tu avais déjà le sac tout à l'heure au restaurant ?!

ALFONSE : Je n'ai pas menti quand j'ai dit que je venais te voir. Ni hasard ni coïncidence pour le coup !

LÉONARD : Merci ! Surprenant ! Je... tu... j'... Mais comment tu as fait pour retrouver mon resto ? Ce n'est pas le seul à Montpellier !

ALFONSE : J'ai mes sources…

LÉONARD : Non mais comment ? Un prénom, une ville et tu trouves toi ?

ALFONSE : Entre autres, pas que ça, tu avais déjà parlé à Marc, et en même temps, « restaurant chez Léonard », cela laissait peu de doute…

LÉONARD : Et tu penses à ramener une écharpe ? Non mais quand même, tu… tu… je… Ça me déroute… Non mais il fait soif ! T'as pas soif, toi ? Parce que moi si, j'ai soif ! Oh que j'ai soif, tu m'interloques toi. (*se lève et va vers le bar*) Ça vient les cuba libre ? … Merci, Luc. (*revient à la table et pose les verres – s'assoit – ils prennent leur verres*) À la tienne !

ALFONSE : À la tienne !

LÉONARD : Tu es surprenant comme garçon !

ALFONSE : Et ton conjoint – Benoit, c'est ça ?

LÉONARD : Oui.

ALFONSE : Et Benoit, il te laisse sortir seul comme ça ?

LÉONARD : Ben tu sais, je suis un grand garçon maintenant, j'ai même le droit de rentrer après minuit !

ALFONSE : T'es con !

LÉONARD : Alors comme ça… On commence les familiarités, jeune homme !

ALFONSE : Jeune homme ! Comme t'y vas !

LÉONARD : Ben oui, par rapport à moi, si, tu es un jeune homme !

ALFONSE : Tu parles ! Pour le peu d'écart qu'on doit avoir !

LÉONARD : 10 ans !

ALFONSE : Eh ben tu vois, 10 ans, ce n'est rien !

LÉONARD : Oui, mais comme moi je fais 10 ans de plus et toi 5 ans de moins, on se retrouve avec un écart ressenti de 25 ans !

ALFONSE : *(riant)* Mais qu'il est con, ce n'est pas possible. Benoit, ça ne lui fait rien que tu sortes sans lui ?

LÉONARD : Ah… on est souvent ensemble, alors heureusement, on sort seul aussi,… et puis il me connaît bien.

ALFONSE : Il a confiance, c'est cool.

LÉONARD : Heu… Là, ce n'est pas une question de confiance… c'est de la lucidité !

Ils boivent tranquillement – au milieu du brouhaha, on entend quelqu'un appeler Léonard.

ALFONSE : Léonard, je crois qu'on t'appelle.

LÉONARD : Ah oui ? Où ça ?

ALFONSE : *(pointant vers le fond)* Là !

LÉONARD : Ah oui, mes potes de l'impro, je vais leur dire bonjour et je reviens de suite. (*part vers le fond, on l'entend*) Salut les loulous, bisous… non… non je ne fais pas la bise à tous là ! … Je bois un verre avec un pote, Alfonse. (*Alfonse se retourne et fait un petit signe de la main*) Heu… je ne crois pas.

ALFONSE : Non, ce soir, je ne le partage pas, votre pote Léonard !

Léonard, surpris, fait au revoir à ses amis et dit bye, il retourne s'assoir à côté d'Alfonse, toujours interloqué.

ALFONSE : Je t'ai choqué ? J'ai été trop direct ? C'est ça ? Ouais, j'ai tendance des fois, je suis…

LÉONARD : Parfait ! Tu es parfait ! … D'habitude, c'est moi qui sors ce genre de phrase, alors là… pour une fois… ce n'est pas moi.

ALFONSE : J'espère quand même que tes amis ne vont pas penser que tu es avec un rustre !

LÉONARD : Un rustre, toi ? (*Rire*) Parfait, je te dis ! Parfait !

ALFONSE : Un autre verre ?

LÉONARD : Allez !

Alfonse se lève avec les deux verres vides et se dirige vers le fond du bar, revient avec deux verres pleins, il se rassoit.

ALFONSE : Tiens !

LÉONARD : Putain, super rapide !

ALFONSE : Je crois que le patron te connaît bien !

LÉONARD : Voilà la réputation !

ALFONSE : À la tienne !

LÉONARD : Tchin !

LÉONARD : Ah au fait, tant que je te tiens et que j'y pense. Après t'avoir vu à Marseille, j'ai cherché le texte de la pièce et j'étais très déçu, je ne l'ai pas trouvé !

ALFONSE : Oui, je pense effectivement qu'il n'a pas été édité.

LÉONARD : Quel dommage ! J'adore, après avoir vu une pièce, la relire tout de suite après. Comme ça, j'ai encore le son et l'image dans ma tête à la relecture… (*Alfonse sourit*) Et puis, aussi… j'ai voulu suivre ton actualité… et je n'ai rien trouvé sur les réseaux sociaux, même pas une bonne vieille page Facebook comme Marc Ferzan.

ALFONSE : Ben si ! Sur Facebook, j'ai une page !

Léonard sort son téléphone, regarde interrogatif, pianote dessus.

LÉONARD : Ah ben voilà ! C'est bien ce que je disais ! Il n'y a pas de page !

ALFONSE : Pas possible, tu as cherché à quoi ?

LÉONARD : Ben Alfonse ! Pas sœur Marie Capucine !

Alfonse se penche sur le téléphone de Léonard et pointe l'écran du doigt.

ALFONSE : Et là ? C'est quoi ?

LÉONARD : Oui, merci, je sais lire, je vois bien que c'est ta page ! Mais c'est ta page privée !

ALFONSE : Oui, une page privée à plus de 700 amis quand même. (*Il appuie sur le téléphone de Léonard*) Voilà, tu fais ça, et moi (*sort à son tour son téléphone de sa poche, pianote dessus*), je fais ça, et hop ! Amis Facebook ! C'est un bon début, non ?

LÉONARD : Tu… tu… tu sais, d'habitude, j'ai de la répartie, mais avec toi, je dois avouer que je suis désarçonné ! Je reste coi… (*Alfonse rigole*) Un autre verre pour fêter notre amitié Facebook ?

ALFONSE : Mais t'es un rapide, toi !

LÉONARD : C'est ce que me dit souvent Benoit !

ALFONSE : (*rire*) Mais t'es con ! Allez, va nous chercher un autre verre ! C'est vrai quoi, ça se fête !

Léonard se lève et se dirige vers le bar et revient avec quatre verres.

ALFONSE : Ah carrément, deux par deux maintenant !

LÉONARD : Non… J'ai commandé à la petite jeune et Luc m'avait préparé sa tournée, alors… ben voilà (*montrant les verres*), mais on va bien arriver à les boire, non ?!

ALFONSE : (*Léonard trinque avec lui*) Allez, à la nôtre !

LÉONARD : Alors, c'est quoi ton actualité ?

ALFONSE : Parle-moi plutôt de toi ; mon actualité, maintenant, tu peux la suivre sur ma page !

LÉONARD : Ah ben non, je veux savoir, moi !

ALFONSE : Comme je te disais, Marc avait besoin de moi pour sa master et je suis en train de travailler une pièce.

LÉONARD : Ah bon, laquelle ?

ALFONSE : Pièce contemporaine, encore inconnue.

LÉONARD : Ok, et tu joues quand ?

ALFONSE : Oh pas tout de suite… il y a le temps !

LÉONARD : Et ?

ALFONSE : Et c'est tout pour le moment !

LÉONARD : Pas d'autres projets en perspective ?

ALFONSE : Non, pas pour le moment, enfin si, mais rien de précis à ce stade, et toi ?

LÉONARD : Moi ? Mon actualité ?

ALFONSE : Voilà ; ton actualité !

LÉONARD : Tu sais, moi, c'est souvent un peu la même chose. Je vais en tournée de Métro en Promocash…

ALFONSE : Mais non ! Tu vas me raconter, mais avant, je peux plus tenir, tu peux me dire où sont les toilettes ?

LÉONARD : Là, au fond après le bar.

Léonard lui indique où elles se trouvent. Alfonse se lève et s'y dirige. Léonard le mate sans vergogne. Alfonse se retourne et revient sur ses pas. Léonard, surpris, détourne la tête, gêné, Alfonse le voit et sourit mais ne dit rien, prend son portefeuille dans sa veste sur la chaise.

ALFONSE : Je vais en profiter pour régler la prochaine !

Alfonse repart en direction des toilettes, Léonard le mate de nouveau.

ALFONSE : (*sans se retourner*) Tu me mates !

Léonard acquiesce de la tête en riant et a un méga sourire ; il se retourne face au public toujours avec ce sourire... boit son verre... Alfonse revient.

ALFONSE : (*souriant*) Je t'ai vu !

LÉONARD : (*avec un grand sourire aux lèvres*) Non mais tu as vu ce visage de béatitude ?

ALFONSE : Heu… oui.

LÉONARD : Bon ben voilà ! Ça devrait suffire comme réponse !… Non ?… Mais c'est vrai, normalement j'aurais dû être plus discret… J'espère ne pas t'avoir mis mal à l'aise surtout, ce n'était pas mon intention, mais à quoi bon, tu m'as chopé, alors autant continuer… non ? T'es magnifique à regarder, t'es magnifique à regarder ! Point ! (*Il lui sourit, Alfonse est gêné.*) Oh ? Je t'ai gêné ? (*Pas de réponse d'Alfonse*) Quoi, tu ne vas pas me dire que c'est la première fois qu'on te fait des compliments, non ? Un garçon aussi charmant…

ALFONSE : Oui, oui…

LÉONARD : Désolé d'être direct, mais pourquoi je me priverais ! À mon âge ! Tu le sais, tu es magnifique… une petite bombe !

ALFONSE : Mais arrête, tu me gênes !

LÉONARD : Ah ! Je te gêne, pfff (*levant les yeux au ciel*), ça va ! C'est juste une petite flatterie sans équivoque, rien de plus, on a le droit de faire des compliments, non ? C'est gratuit, profite ! T'es un joli garçon, ça me fait plaisir de te le dire, pourquoi on devrait garder ce genre de choses ? Moi, maintenant, je le dis ! Et puis ça reste qu'un compliment, rien de plus, tu n'aimes pas les compliments ?

ALFONSE : Santé ! (*Ils boivent*) Alors, après cette magnifique manœuvre d'évitement, parle-moi de toi… Je veux tout savoir ! (*En riant*)

LÉONARD : Tout ? Non, tu ne sauras pas tout ! Mais qu'est-ce que tu veux savoir, au fait ?

ALFONSE : Toi, te connaître, qui tu es, savoir si tu oublies tout le temps des choses, en savoir plus…

LÉONARD : Bon, alors Léonard, c'est moi ! J'ai ton âge + 10 ou + 25 en années ressenties. (*Riant*)

ALFONSE : (*lui donnant un coup gentil sur l'épaule*) Mais arrête de dire ça ! Tu ne fais pas vieux !

LÉONARD : Qu'il est mignon… Léonard, 45 ans, restaurateur.

ALFONSE : Tu as toujours fait ça comme métier ?

LÉONARD : Non, j'ai travaillé quelques années, enfin quelques années… 15 ans dans une grosse boîte ! Dans des bureaux ! Et quelques petites autres choses avant…

ALFONSE : Ah ? Et tu faisais quoi dans ces « bureaux » ?

LÉONARD : Alors je n'ai toujours pas compris ce que je faisais comme taff, ni à quoi cela pouvait bien servir !

ALFONSE : T'es pas croyable ! Alors restaurateur depuis combien de temps ?

LÉONARD : Ça va faire 8 ans maintenant.

ALFONSE : 8 ans ! C'est bien ! Et tu as monté ton resto avec Benoit, donc.

LÉONARD : Voilà !

ALFONSE : Ça fait combien de temps que vous êtes ensemble ?

LÉONARD : 22 ans.

ALFONSE : 22 ans ? … 22 ans ?

LÉONARD : Eh oui, 22 !

ALFONSE : Waouh ! C'est rare ! 22 ans ! Je suis impressionné ! C'est beau ! 22 ans ensemble…

LÉONARD : Oui, enfin, ce n'est pas beau tous les jours. (*En riant*)

ALFONSE : Oh mais c'est vrai, je suis impressionné, peu arrivent à faire un aussi long parcours ensemble, surtout de nos jours, c'est beau. Bon alors, c'est quoi votre secret ?

LÉONARD : Heu, pas de secret. Nous on s'engueule tous les jours et, bon, de temps en temps, il me faut un peu de drogue pour arriver à le supporter. (*Alfonse rigole*) Et toi, tu as quelqu'un dans ta vie ?

ALFONSE : Non, pas en ce moment. Alors ensuite…

LÉONARD : Ensuite, ensuite… tu sais, pas grand-chose, c'est souvent la même chose, comme je te disais.

ALFONSE : Ben non, vas-y, parle-moi, tu fais de l'impro, si j'ai bien compris.

LÉONARD : Oui, en amateur. Avec les quelques énergumènes que tu as pu voir tout à l'heure…

ALFONSE : Et ça marche bien ?

LÉONARD : Oui, j'aime bien ça, plus que je ne l'aurais pensé, j'y suis venu un peu par hasard en fait, j'ai commencé par des cours de théâtre comique, puis après à la….

Le bruit de fond et la musique couvrent leur conversation… Le temps passe, ils discutent, le bar ne va pas tarder à fermer, quelques lumières commencent à s'éteindre.

LÉONARD : Ah, on ne va pas tarder à se faire foutre dehors, je n'ai pas vu le temps passer…

ALFONSE : *(en se levant)* Ouh… moi non plus…

LÉONARD : Ils vont fermer, on va devoir y aller. Tu loges où ?

ALFONSE : Hôtel Nawak, rue Paladin.

LÉONARD : (*Ils commencent à marcher*) Tu n'étais pas chez ta sœur ?

ALFONSE : Non pas encore, j'irai plus tard, je préférais être dans le même hôtel que Marc pour le travail.

LÉONARD : (*Ils marchent*) Ah ok. Ben je t'accompagne, c'est sur ma route.

ALFONSE : Bonne soirée… On a bien rigolé et bien picolé aussi !

LÉONARD : Oui ! On n'a pas fait semblant, je ne sais même plus combien de cuba libre j'ai bu, moi. … Ah ! Arrivé à destination, jeune homme !

ALFONSE : Ah oui, c'est là !

LÉONARD : Merci à toi, j'ai passé une très bonne soirée en ta compagnie ! Très bonne soirée !

ALFONSE : Moi aussi, ça m'a fait du bien. (*s'approche de Léonard*) Il devrait se méfier, Benoit, de te laisser sortir seul… t'es charmant comme garçon. (*Lui fait une bise sur la joue – Léonard, surpris, ne dit rien, ne bouge presque pas*)

LÉONARD : (*En essayant de se donner de la contenance*) Allez file, beau gosse !

ALFONSE : (*Part vers le fond de scène*) Au revoir ! Bonne nuit !

LÉONARD : Bonne nuit !

ALFONSE : (*Part, sans se retourner*) Tu me mates toujours !

Léonard rigole en le regardant partir, il est aux anges, large sourire, se plante le nez au ciel, les mains dans les poches, il est heureux, il veut rester là, seul, pour garder ce moment encore un peu rien que pour lui… il prend son temps – il reprend sa route, un –son message– retentit du téléphone de Léonard.

LÉONARD : Ah ça, ça doit être Benoit. (*sort son téléphone*) Ah non, Alfonse ! Tiens ? Alors : « Très bonne soirée ! Pouvons-nous nous voir lundi ? J'ai quelque chose pour toi ! PS : et ce n'est pas ton écharpe que tu as encore oubliée, au bar cette fois ! Fais de beaux rêves ! » Pff non mais cette écharpe ! Alors : « Oui, très bonne soirée, je ne bosse pas le lundi soir, 17 heures au bar ? » Envoyé ! (*Regardant en hauteur en direction d'une fenêtre de l'hôtel*) Oh ça oui, je vais faire de beaux et doux rêves, mon canard…

NOIR

Scène 4

Vous avez le même humour avec Alfonse !

Lundi 17 h au bar
Pleine lumière. Marc est seul à une table avec un sac à ses pieds, il boit un café. Léonard arrive et s'installe une table à côté sans le remarquer. Marc s'amuse, surpris de la situation.

MARC : Vous me toisez ?

Léonard se retourne et voit Marc.

LÉONARD : Oh ! Désolé, j'étais dans la lune, je ne pensais pas vous trouver ici et je ne vous avais pas vu. (*Il s'approche de la table de Marc pour s'y installer, reste debout à ses côtés*) Je commande, tu prends quelque chose ?

MARC : Un café, merci.

LÉONARD : (*se retourne direction fond de salle*) Luc, tu peux me lancer deux cafés, s'te plaît ? ... Non... pas dans la gueule, Luc... Merci. (*va s'asseoir à la table de Marc*)

MARC : On se tutoie ?

LÉONARD : Oh, oui, c'est plus sympa, non ?

MARC : Oui, oui. (*Sur la réserve*)

LÉONARD : Bon, il faut que j'avoue, je passe à confesse.

MARC : Je vous écoute, mon fils.

LÉONARD : Je t'ai découvert par hasard, une publication sur le Net, j'te la fais courte, hein ! Et ça m'a plu, j'ai voulu en savoir plus, j'ai cherché des vidéos, j'en ai loué, lu et vu de nombreuses interviews, et je me suis dit : mais comment tu as fait pour passer à côté de ce mec aussi longtemps ! Il est génial !

MARC : Ah merci !

LÉONARD : Je le pense, ton jeu d'acteur, ta voix si reconnaissable, ton phrasé si particulier, tes mises en scène, les choix que tu fais, tout, j'adore tout, y compris tes névroses, surtout tes névroses ! Garde-les ! Elles te vont tellement bien ! On a de la chance que le théâtre français ait des mecs comme toi.

MARC : Mais c'est vraiment très gentil ce que tu me dis là.

LÉONARD : Et, très vite, dès que nous avons eu l'occasion avec Benoit, mon…

MARC : Conjoint, oui, je sais, Alfonse m'a dit.

LÉONARD : Donc nous sommes montés à Paris, comme de bons vieux homos qui se respectent, on a emmené nos mères – ah ben oui, là je fais dans le cliché – et après la représentation, je suis allé acheter le livret, il y avait en plus des interviews, le texte.

MARC : Le son et l'image ! (*Léonard est surpris et enchaîne*)

LÉONARD : Et j'ai demandé au gars s'il ne pouvait pas aller me le faire signer et me le ramener. Je ne sais pas pourquoi j'ai dit ça, je n'ai jamais couru après les autographes, même gamin, je n'ai jamais fait ça et je ne sais pas faire, et je ne sais pas à quoi ça sert d'avoir un bout de papier avec la signature de son idole, mais là, c'était différent, c'était sur le livret, j'allais le relire plusieurs fois. Et pour te la faire courte, le gars me dit d'aller dans la rue derrière où tu allais bien finir par sortir. Alors, me voilà parti avec mon livret, j'attends derrière la porte marquée « sortie des artistes », et j'attends, et plus le temps passe, plus je me demandais ce que je foutais là et ce que j'allais bien pouvoir dire ! Et au bout d'un moment, un comédien sort, je regarde, ce n'était pas toi, mais je ne le reconnaissais pas, j'essayais de voir sur le livret, mais entre la nuit et mes lunettes trempées par la pluie, j'ai dit un bravo général, il était entouré de ses groupies. Et à un moment, j'entends le comédien dire à l'une d'elles : « Ah mais on est assez libre dans le texte ! » Et là je me suis dit : il y a erreur, libre dans le texte, classique de surcroît avec Marc Ferzan, ce n'est pas possible ! Effectivement, j'étais à la sortie des artistes du théâtre d'à côté. Et voilà, quand je t'ai demandé de signer le livret, j'ai failli pas te voir, j'avais qu'une seule envie, c'était de partir.

MARC : Et tu es parti !

LÉONARD : Et je suis parti.

MARC : … Tu es marrant, toi !

LÉONARD : Ah ? Je pensais que tu allais dire « bizarre ».

MARC : (*gêné*) Marrant, oui très marrant. (*pestant*) Franchement, mais cet Alfonse, p'tit con !

LÉONARD : (*rigolant*) Oh oui, mais ça lui va tellement bien ! Ne t'inquiète pas, il n'a dit que ça, il ne m'a pas répété toutes les horreurs que tu aurais pu dire sur moi, enfin… pas toutes !

MARC : (*sourire pincé*) Vous avez le même humour avec Alfonse !

LÉONARD : Ah oui ? … Il me désarçonne, ce garçon !

MARC : Il fait souvent cet effet, oui.

LÉONARD : C'est vrai, il est adorable, ton collègue ! (*Songeur*)

MARC : Il te plaît, hein ?

LÉONARD : Sérieux ? Non mais vous, vous ne le trouvez pas plaisant ? (*Pas content*)

MARC : Heu… si, mais…

LÉONARD : Mais, mais… pas plus ! Je ne le drague pas, ton pote !

MARC : C'était maladroit de ma part.

LÉONARD : Mais, même si je lui fais des compliments, je ne cherche rien, hein… ? T'as vu l'engin (*faisant avec ses bras de haut en bas pour montrer son corps*), il n'y a pas de risque. Ça va, je n'ai pas l'électroencéphalogramme plat ! Ça n'empêche pas qu'on puisse passer un bon moment, boire un verre, discuter… le complimenter… ça ne fait jamais de mal, ça !

MARC : Vous démarrez au quart de tour, vous ?

LÉONARD : Ce n'est pas parce qu'on trouve craquant quelqu'un qu'on attend forcément quelque chose de lui !

MARC : Je sais, je… je… j'ai été vraiment maladroit, je ne cherchais rien à… non, je suis content, apparemment Alfonse a passé une très bonne soirée en votre compagnie.

LÉONARD : Ah ça y est ? On se revouvoie ? (*Souriant*)

MARC : En TA compagnie !! Dis donc, il ne faut pas te prendre avec des pincettes, toi ! … Ça lui a fait apparemment du bien à Alfonse, il est un peu « perdu » ces temps-ci…

LÉONARD : Ah bon ?

MARC : On va dire qu'il est dans le creux de la vague, ça arrive…

LÉONARD : Hum, hum… Tu avais aussi rendez-vous avec Alfonse ?

MARC : Oui, je devais le retrouver à 17 h ici pour lui apporter quelque chose. (*Montrant d'un mouvement le sac*)

LÉONARD : Et il est tout le temps pas à l'heure comme ça ?

MARC : Souvent ! … Ah ben le voilà, enfin !

Marc indique à Léonard où il se trouve, Alfonse est au téléphone et reste éloigné le temps de sa discussion. Léonard le regarde et ne prête plus la moindre attention à Marc.

MARC : Mais il en met un temps pour nous servir deux cafés ! Il nous a oubliés, non ? (*Regarde Léonard*) Non ? Je m'étouffe avec une cacahuète… (*Fait semblant, se met à tousser*) Je meurs… haaarr… bon alors j'existe carrément plus !

LÉONARD : Hein, heu, oui, 1 sucre, merci ! (*Surpris*)

Marc circonspect, Alfonse arrive.

MARC : On a failli t'attendre !

ALFONSE : Oui *(fait la bise à Marc)*, désolé, ma sœur… *(S'approche de Léonard lui fait la bise – Léonard un peu surpris)*

LÉONARD : Bonjour, Alfonse.

ALFONSE : Ça va ? Pas trop dur, dimanche matin ?

LÉONARD : Non ça va et toi ?

ALFONSE : Heu si, un peu dur… je n'étais pas très frais pour le dimanche familial !

MARC : Mais vous avez fini à quelle heure ?

ALFONSE : Je ne sais pas, à la fermeture, vers 2 h, le temps de rentrer.

MARC : Ah oui, quand même. Alfonse, j'ai ce que tu m'as demandé.

ALFONSE : Ah merci ! *(En prenant le sac)* Vous avez commandé ?

MARC : Oui des cafés, mais…

LÉONARD : Il a dû nous oublier, j'y vais. Alfonse, un café aussi ?

ALFONSE : Oui, merci.

Léonard part au bar et discute avec Luc.

ALFONSE : Ça va ? Ça s'est bien passé ?

MARC : Oui, je suis vraiment content ! Ils sont bien ces jeunes, la relève est assurée !

ALFONSE : Ah, c'est bien… Tu as discuté un peu avec Léonard ?

MARC : On fait plus dans la jeunesse, là !

ALFONSE : Oh mais t'es vache, là !

MARC : Oui, un peu ! Il monte vite dans les tours, quand même !

ALFONSE : Comment ça ?

MARC : Bon, c'est vrai, je lui ai dit un truc, et j'ai été maladroit, mais alors purée, limite je me suis pris une volée de bois verts.

ALFONSE : Ah bon, mais qu'est-ce que tu as dit ?

Léonard revient avec les cafés et le sac.

LÉONARD : Tenez. (*pose les cafés – montre le sac à Alfonse*) Mon écharpe !

ALFONSE : Ah ben, tiens, ça me fait penser ; tiens, c'est pour toi ! (*Prend le sac et le donne à Léonard*)

LÉONARD : Ben merci… Oh ! Mais… (*gêné*)

Il ouvre le sac et en sort un texte relié et découvre le titre.

ALFONSE : Je savais que ça allait te faire plaisir, Marc avait le texte sur son ordi, alors ce matin, je lui ai demandé si je pouvais te le filer, et je suis parti te le faire imprimer ! Et je l'ai oublié cet après-midi… Voilà pourquoi Marc…

LÉONARD : Merci ! Quelle délicate attention… je suis touché… vraiment très… (*tout en regardant le document*)

ALFONSE : Ce n'est rien.

LÉONARD : C'est super gentil, oui ! D'y avoir pensé, l'imprimer… vraiment… je ne sais pas quoi dire… je suis vraiment super content ! Ça me touche beaucoup.

MARC : Mais vous avez l'air d'être ému ?

LÉONARD : Oui… c'est con, hein ? … Je suis un garçon sensible. (*En souriant et se moquant de lui-même*)

MARC : Ça a l'air, en effet…

ALFONSE : Je ne t'avais pas dit adorable ? (*En pointant Léonard de la tête*)

MARC : Si, si.

ALFONSE : Je suis content que ça te fasse autant plaisir ! … Marc, il t'a dit qu'il fait du théâtre ?

LÉONARD : Non… mais arrête… (*Se retourne vers Marc*) En amateur, pas grand-chose, en amateur seulement.

MARC : Ah oui ? C'est bien !

ALFONSE : Il écrit aussi !

LÉONARD : Non, non, n'importe quoi ! Non, tu parles ! Mais non, rien du tout ! Allez, j'ai écrit quoi ? Quelques sketchs, et quelques débuts de pièces, jamais terminées d'ailleurs, jouées par personne, et pour cause, une pièce que je n'ai jamais osé faire lire à quelqu'un, on ne peut pas appeler ça écrire…

MARC : Ah bon ? Et on appelle ça comment ?

LÉONARD : Non mais voilà, tu comprends ce que je veux dire, c'est du loisir, même si je m'y intéresse beaucoup et que j'essaye d'apprendre ; il n'y a pas d'âge pour ça !

MARC : Et tes sketchs, tu les as joués en public déjà ?

LÉONARD : Oui, quelques-uns, pendant des scènes ouvertes.

MARC : Et alors ?

LÉONARD : Et alors, et alors… le dernier, je n'avais pas le public « pour », on va dire…

MARC : Ah oui ? Ça arrive.

LÉONARD : Ou peut-être, plus simplement, mon texte n'était pas bon, le plus plausible, mais moi, ça me fait rire…

MARC : Ça raconte quoi ?

LÉONARD : Alors, c'est l'histoire d'un type assez odieux qui rend visite à sa femme à l'hôpital, elle est dans le coma, le type est pathétique, faux-cul, il rejette tout sur sa femme, se plaint de sa condition, lui, seul avec ses enfants et sa maîtresse qui n'est autre que la meilleure amie de sa femme ! Et pour conclure le tout, il lui suggère qu'il serait temps de la débrancher, pour elle, pour son bien, bien entendu !

Marc et Alfonse rient.

MARC : Oui, c'est particulier, mais après, il faut voir… Alfonse, tu devrais lui… (*pointant Léonard du doigt*)

ALFONSE : Ah oui ! Bonne idée !

LÉONARD : De ?

MARC : Te faire lire ce qu'il a fait.

ALFONSE : Oui, tu pourras me dire ce que tu en penses… Un coup de main.

LÉONARD : Heu, oui, le lire, pas de problème ! Ça me ferait super plaisir ! Par contre, te filer un coup de main… je ne vois pas ce que je pourrais t'apporter comme aide… enfin, t'as Marc, je ne comprends pas, tu ne peux pas avoir meilleure aide, non ?

MARC : Les retours sont toujours bons à prendre ! Ça va te parler, vous avez manifestement le même humour ! Et puis pour moi, c'est compliqué à expliquer, mais je ne peux pas travailler sur son texte, et puis ce qu'il fait, c'est pas mon truc. Alfonse aura un autre retour.

LÉONARD : Ben écoute, Alfonse, avec plaisir, je lirai ton texte, mais ne t'attends pas à autre chose.

ALFONSE : Ce retour, je sais qu'il sera sans jugement, ni mesquinerie.

LÉONARD : Avec plaisir, je te l'ai dit

MARC : Bon, les enfants, ce n'est pas que je m'ennuie, mais il faut que j'y aille. Alfonse, demain 9 h en bas à l'hôtel ?

ALFONSE : Ok, bise, à demain.

MARC : À demain ! Au revoir, Léonard, peut-être à une prochaine fois. (*Se rapproche de Léonard et lui serre la main*)

LÉONARD : Au revoir, bonne journée.

Marc s'en va.

ALFONSE : Tu bosses comment demain ?

LÉONARD : Alors, demain, mardi, je ne bosse pas le soir.

ALFONSE : Avec Marc, on va finir vers les 15 h/15 h 30, on débriefe, on va dire 16 h 30 à l'hôtel, ça te va ?

LÉONARD : Pour ?

ALFONSE : Toi, moi, hôtel ? (*Souriant*)

Léonard pétrifié sur place.

ALFONSE : (*éclatant de rire*) Lire mon texte ! Lire mon texte, que je te le montre ! Oh désolé, ça m'a trop fait rire.

Léonard, gêné, ne sait toujours pas comment réagir.

ALFONSE : (*hilare*) Désolé, mais ta tête… désolé, désolé, tu me fais rire !

LÉONARD : C'est déjà ça !

ALFONSE : Alors ok ? Demain 16 h 30 à l'hôtel ?

LÉONARD : Ok pour faire des galipettes !

Alfonse décontenancé une seconde et rigole.

ALFONSE : Bien rendu !

NOIR

Scène 5

C'est plutôt de la semi-liberté !

Le lendemain, mardi 16 h 30, hôtel Nawak, dans la chambre d'Alfonse. Au centre un lit avec ses tables de nuit ; sur le côté cour, un fauteuil. Alfonse est seul, torse nu, remettant sa ceinture. On toque à la porte, Alfonse va ouvrir.

ALFONSE : Salut Léonard, rentre.

LÉONARD : Salut !

Léonard rentre suivi d'Alfonse.

ALFONSE : Installe-toi, je vais mettre ma chemise. (*Part dans la salle de bains*)

Léonard cligne des yeux, ébloui par la beauté d'Alfonse – il tourne autour du lit.

ALFONSE : Ça va ? Bien bossé ? (*Revenant dans la chambre*)

LÉONARD : Oui, c'était calme ce midi.

ALFONSE : Vas-y, assieds-toi… Alors, où est mon texte… Attends.

Léonard s'assoit au pied du lit tandis qu'Alfonse part chercher le texte dans son sac.

LÉONARD : … J'attends… J'attends toujours… J'attends. (*se met en appui sur ses mains en arrière, croise les jambes, petits mouvements de la jambe du dessus*)

ALFONSE : *Schizo Paquebot* ! (*Se retourne vers Léonard en souriant*)

LÉONARD : Oui mais t'inquiète pas, je ne vais pas partir en hurlant en menaçant de me jeter à la flotte par le hublot…

ALFONSE : Oui… (*En rigolant*)

LÉONARD : Hublot, d'ailleurs, note pour le metteur en scène, beaucoup trop petit…

ALFONSE : Ah oui ?

LÉONARD : Ah ben là ! Il n'avait pas le compas dans l'œil là, le décorateur !

ALFONSE : Ne dis pas ça à Marc, c'est son frère qui fait les décors !

LÉONARD : Oui, je sais, très beaux d'ailleurs, ou alors c'est Marc qui a pris du cul avant de jouer !

ALFONSE : Une petite pique ?

LÉONARD : Petite !

ALFONSE : (*sourit*) Et Benoit, ça ne lui fait rien… ? On s'est vu souvent en trois jours… Il ne va pas se poser des questions ?

LÉONARD : Ça va, t'inquiète !

ALFONSE : (*en rigolant*) Je ne voudrais pas qu'il pense que c'est un plan cul ! Je suis pour la paix des ménages, moi !

LÉONARD : Ah mais le plan cul, ça, j'y ai droit ! C'est tout ce qu'il y a autour que je n'ai pas droit !

ALFONSE : Ah ? Comment ça ?

LÉONARD : Baiser… c'est pas tromper… hein ? Baiser, c'est pas tromper.

ALFONSE : Heu… ben… si… quand même un peu.

LÉONARD : Tu peux baiser sans aimer ?! Tu t'es bien déjà envoyé en l'air sans sentiments, sans même savoir avec qui tu baises ?

ALFONSE : Ah ben si quand même… j'ai toujours su avec qui !

LÉONARD : Ah bon ? … Pas moi… Passons ; donc si c'est que baiser, rien que ça, uniquement ça, c'est pas tromper !

ALFONSE : Oui… sais pas trop…

LÉONARD : C'est tout le reste que je n'ai pas le droit. Pas le revoir, ou pas plus de 3 fois, que du sexe, pas aller boire un verre après, ou même avant, avec lui, pas discuter, pas s'attacher, ne pas y mettre de sentiments quoi… Tout ça, tout ça, je n'ai pas le droit. Aimer, c'est tromper.

ALFONSE : Ah oui… un couple libre… (*un peu interrogatif*)

LÉONARD : Libre, ce n'est pas ce que je dirais. On ne passe pas la nuit avec l'autre, on ne ramène personne à la maison et surtout on rentre tous les soirs ! C'est plutôt de la semi-liberté !

(*Début de la musique Mysteries*[1] *2'34*)

ALFONSE : Ça a l'air bien encadré… (*mimant avec les bras*) Et vous avez toujours fonctionné comme ça ?

LÉONARD : Non, pas au début… Bon alors tu me le montres ce texte ?

ALFONSE : Oui… voilà (*va le prendre près de son sac*)

LÉONARD : (*en le prenant*) Alors voyons voir ça, je suis impatient, c'est quoi ?

ALFONSE : Un seul en scène, je suis parti…

La musique prend le dessus, on ne les entend plus. Petites scénettes :

1 – Lecture.

2 – Sortent de la chambre ensemble.

3 – Alfonse et Léonard travaillent.

4 – Alfonse travaille seul.

5 – Alfonse écrit, Léonard lit ce qu'il écrit.

6 – Alfonse déclame son texte devant Léonard.

---

[1] Mecavolic - *Triangle*

7 – Alfonse et Léonard font les imbéciles et rigolent.

8 – Alfonse et Léonard regardent un texte debout très proches face à face.

9 – Alfonse et Léonard lisent côte à côte sur le lit.

10 – Alfonse assis au pied du lit par terre, Léonard allongé sur le lit le regarde tendrement.

Chaque scénette dure 5 secondes (7 pour la dernière), entrecoupées d'un fondu noir/fondu lumière de 4 secondes chacun).

NOIR

Scène 6

Qui a osé voler ton joli sourire ?

Fin de la musique à 2'34
LUMIÈRE
1 semaine plus tard, au bar de Luc. Il y a un très léger brouhaha et une musique latino retentit en fond sonore.
Marc et Alfonse sont à une table en pleine discussion.

MARC : Ah ! Mais c'est pas vrai ! (*Énervé, en posant son téléphone sèchement sur la table*)

ALFONSE : Qu'est-ce qu'il y a ?

MARC : Ben, Elisabeth ! Elle est casse-pied, quand même !

ALFONSE : Qu'est-ce qu'elle t'a encore fait, cette pauvre Elisabeth ?

MARC : Je lui dis : je suis pris jusqu'au 16 septembre en Suisse, tu ne me boucles rien avant le 20 ! C'est pas compliqué à comprendre, jusque-là, c'est facile à suivre. Et là, elle m'envoie un texto tranquille, pour me dire que ce serait bien que je sois à Lille le 18 pour un festival.

ALFONSE : Oh ça va…

MARC : Ah ben non, ça va pas du tout ! (*On entend le son d'un texto arrivé sur son téléphone, il le lit*) Pas du tout ! Elle est con ? C'est ça, elle est con ? Elle ne veut pas comprendre ? Elle veut me faire chier là, c'est ça ? Non mais je demande ? Je me demande parfois si…

ALFONSE : Calme !

MARC : Calme ! Oui, t'as raison ! Non mais tu sais ce qu'elle me répond ? « Ben, j'ai vu, il y a un vol le 16 au soir, et un départ le 18 au matin ! Tu auras le temps entretemps ! » Elle est con ? Dis-moi Alfonse, elle me fait chier là !

ALFONSE : Mais détends-toi ! Que tu es bourougne !

MARC : Bourougne ?

ALFONSE : Oui, tu es bourougne ! Chonchon, chafouin, oh qu'il est pas content !

MARC : Ben t'es en forme, toi !

ALFONSE : Yep ! (*Marc surpris par le ton hyper décontracté d'Alfonse*) Ah putain que ça me fait du bien ce break ! Changer d'air, voir de nouvelles têtes, prendre son temps !

MARC : Oui, je te sens tout guilleret ! T'as du peps !

ALFONSE : Ouais, je suis détendu… c'est ça, détendu ! Ça doit être le grand air !

MARC : J'ai surtout l'impression que tu es le plus souvent au bar ou cloîtré dans ta chambre d'hôtel !

ALFONSE : J'ai repris l'écriture de mon seul en scène.

MARC : C'est bien !

ALFONSE : Il y a un verrou qui a sauté ! Ça revient, ça devient plus fluide, j'arrive à y voir plus clair, les idées reviennent…

MARC : Avec l'aide de Léonard ? (*Usant d'un ton sarcastique*)

ALFONSE : Tu sais, c'est un mec bien ! (*Ayant remarqué le ton narquois*)

MARC : Mais je n'en doute pas.

ALFONSE : Si, tu en doutes ! Je ne sais pas ce que vous vous êtes dit pour que tu aies ce ressentiment, mais si tu apprenais à le connaître, tu verrais que c'est un mec bien !… Ouais… avec son aide… tu sais ce que c'est son aide depuis une semaine ? C'est être là, m'écouter, me remettre en question, me questionner sur mon texte, on échange, il me vanne, il le fait très bien, ça aussi ! On échange et ça nourrit ma réflexion ! Être gentil des fois, juste ça (*Marc l'écoute attentivement, sans dire mot*). Et puis pas que ça… en plus, je suis sûr qu'il te ferait rire ! Il a une sorte d'humour anglais, ce n'est pas la bonne blague, mais il entend un truc anodin et il rebondit dessus !… Il me fait marrer, ce mec ! Une fois passé ce côté gauche qu'il a, quand il ne connaît pas la personne, il vaut vraiment le détour !… Je me marre, il a de l'autodérision, beaucoup, trop parfois, il ne se loupe pas ! (*Prend une pause*)

MARC : Et son mec ?

ALFONSE : Ils se connaissent par cœur, ces deux-là !

MARC : Je vois.

ALFONSE : Et puis, ce mec c'est comme un chat, il a eu plusieurs vies ! Il n'est pas là, dans le jugement, comme ces têtes tristes et grisâtres de Parigots, pleins de jalousie, envieux… Il ne juge pas ! Il essaye de te faire voir le bon côté des choses. Tu peux tout lui dire, tu ne le choqueras pas ! Il assume ce qu'il est et ce qu'il pense. C'est un fidèle, en amitié, en amour ! Il ne renie rien ni personne, il est entier, comme toi, tiens ! Entier !

MARC : Je suis surpris, Alfonse.

Un silence s'installe…

MARC : Je ne pensais pas que tu avais noué autant d'amitié avec lui.

ALFONSE : … Laisse-lui une chance. (*Sourire complice de Marc*)

MARC : Tu m'y feras quand même jeter un coup d'œil à ton texte.

ALFONSE : Merci, Marc. Tu repars après-demain ?

MARC : Eh ben alors, non, pas du tout, figure-toi ! J'ai prolongé mon séjour, il y a un festival de musique classique dans le coin et la programmation est plutôt sympa, en plus j'ai eu Jean-Louis au téléphone et il y sera.

ALFONSE : Tu restes combien de temps en plus alors ?

MARC : Cinq, six jours… plus… on verra… On boit un verre ?

ALFONSE : Il est quelle heure ? (*Regarde sa montre*) Ah oui déjà ! Ce sera un cuba libre.

MARC : Je vais nous chercher ça.

ALFONSE : Prends-en un pour Léonard, il ne va pas tarder à arriver.

MARC : Très bien. (*Marc part au bar*)

Léonard arrive.

LÉONARD : Salut, beau gosse ! (*Il glisse ses doigts dans sa belle chevelure et le décoiffe*)

ALFONSE : Ça va ? (*Léonard s'assoit*)

LÉONARD : Bien ! Ah, ça fait du bien de s'assoir un peu !

ALFONSE : Beaucoup de taff ?

Léonard : Oui ! Et puis, ils le font bien exprès de tous arriver en même temps !... Et depuis quand on demande un plat végétarien dans un restaurant à viande ? « Ah, mais vous devriez vous adapter, il y a de plus en plus de végétariens ! » (*Imitant une femme peu agréable*) Je vais leur demander une entrecôte, moi, dans un restaurant veggie ? « Ah ben il faut s'adapter, hein » ! (*Sur le même ton*) Enfin, bon, bref, comme disait Pépin, quoi de beau ? (*Interrompt Alfonse*) Ah au fait, tiens (*lui tendant quelques feuilles*), j'ai lu, il est très bien ce passage.

ALFONSE : Oui ? (*Pliant le papier et le rangeant dans sa poche*)

Marc arrive avec les verres.

LÉONARD : Oui, j'aime bien. (*Marc pose les verres sur la table*) Bonjour, Marc.

MARC : Bonjour, Léonard, on se fait la bise ?

LÉONARD : Oui… Je savais que tu en crevais d'envie, hein ? Tu ne résistes pas !

Alfonse regarde complice Marc puis Alfonse réprime un rire en se tenant le nez – se font la bise – s'assoient.

MARC : Tiens, il y en a un pour toi !

LÉONARD : Mais cet homme est parfait ! … Tu notes, Alfonse…

ALFONSE : Bien, chef ! Allez, à la nôtre !

EN CHŒUR : À la nôtre. (*Trinquent et boivent*)

Le téléphone de Marc sonne – il répond.

MARC : Oui… Elisabeth… (*il se lève*) oui… ne quitte pas… (*Bloque la sortie micro avec sa main et s'adresse à Alfonse*) Je reviens, mais avant, je vais me la faire ! (*Commence à partir*) Oui, Elisabeth…

LÉONARD : C'est qui Elisabeth ?

ALFONSE : Son assistante.

LÉONARD : Et il veut se faire son assistante ? Je n'aurais pas pensé ça de lui !!

ALFONSE : (*rigolant*) Mais t'arrêtes pas ! Il est bon ce petit cuba libre… (*en le finissant*)

LÉONARD : C'est bon, j'ai compris le message ! (*Descendant d'une traite son verre*) Je vais nous rechercher ça !

Léonard s'en va au bar – Alfonse reçoit un message, le lit attentivement, son sourire s'efface, pose son téléphone dégoûté sur la table – quelques instants passent – Léonard revient avec deux verres.

LÉONARD : Et voilà ! (*En posant les verres sur la table – s'assoit*)

Léonard remarque l'air contrarié d'Alfonse – il cherche du regard partout, en l'air, à côté d'Alfonse, sous sa chaise, celle d'Alfonse.

ALFONSE : Qu'est-ce-que tu cherches ?

LÉONARD : Ton sourire ! Il est où ? Je suis parti il était là, juste là (*pointant le visage d'Alfonse avec son doigt*), et quand je reviens, il a disparu ! Il est où ton joli sourire ? Qui a osé voler ton joli sourire ? (*Alfonse en esquisse un de force*) Non, pas celui-là, l'autre, celui de tout à l'heure.

Sourire forcé d'Alfonse qui se renferme.

LÉONARD : … Ça ne va pas ? Qu'est-ce qu'il se passe ? (*Changement de ton – sérieux voix plus douce, Léonard s'approche de lui*)

ALFONSE : … Rien…

LÉONARD : … Quelque chose de grave ?

ALFONSE : Non… Juste un connard !

LÉONARD : Ah ben ce n'est pas « juste » un connard, parce que ce serait « juste » un connard, soit un connard parmi tant d'autres, tu t'en foutrais. Alors soit c'est « super connard », soit c'est un connard mais pas que !

ALFONSE : C'était !

LÉONARD : C'était un connard ?

ALFONSE : Non, ça il l'est toujours ! C'est le « pas que ».

LÉONARD : Ton ex ?

ALFONSE : … Putain ça fait 1 an qu'on n'est plus ensemble et il arrive encore à me faire chier ! C'est un connard, il s'est joué de moi, il s'est tout le temps joué de moi !

LÉONARD : Il t'a déçu ?

ALFONSE : C'est un doux euphémisme ! Il appuyait toujours où ça faisait mal, il continue, c'est lui qui me largue et il vient toujours, toujours… (*Regarde son téléphone, dégoûté*) te sortir des vacheries (*il lui montre le message*), essayer de te blesser.

LÉONARD : Ah ben là c'est du haut niveau dans le connard ! Il bat tous les records ! Il dépasse super connard, là ! … Mais tu l'aimes encore ? … (*Alfonse lui fait « non » de la tête*) Alors, excuse-moi, il y a quelque chose qui m'échappe. Je sais bien que ça ne se fait pas comme ça, je ne vais pas te trouver la solution en cinq minutes sur le zinc d'un bar, mais je ne comprends pas qu'il puisse te déstabiliser comme ça ! Merde, je ne pige pas, je pige pas déjà, quand on est avec un garçon comme toi, on a envie de lui laisser pousser les ailes, envie qu'il s'épanouisse, qu'il s'accomplisse. Je ne pige pas, je connais un peu ton parcours maintenant, je sais par quoi tu es passé, les challenges que tu as relevés ! Relevés seul ! Tout ton passé de sportif, puis tu as enchaîné conservatoire, art dramatique pour en arriver là où tu en es, tu n'as laissé personne te déstabiliser, avoir de l'emprise sur toi. Qu'il te fasse douter des autres, je veux bien, mais de toi ?

ALFONSE : Ouff… Tu es vraiment très gentil, Léonard.

LÉONARD : Merde, sors-toi les doigts, garçon !

ALFONSE : Tu as raison, mais ce n'est pas aussi simple.

La musique latino se fait de plus en plus entendre…

LÉONARD : Je sais bien ! Je sais, ce n'est jamais simple ces choses-là… Et puis, si vraiment il te fait chier, dis-moi son nom, je dois bien avoir encore quelques relations qui pourront lui apprendre le sens de la vie, crois-moi, à grands coups de baffes dans la tronche, ça va bien finir par rentrer ! On ne touche pas à canard !

Alfonse, spontanément, fait une bise sur la joue de Léonard. On commence à voir son sourire réapparaître timidement. Marc revient, s'installe et regarde Alfonse.

MARC : Ça ne va pas ?

LÉONARD : Oh… il a eu un petit coup de mou.

MARC : Ah ?

LÉONARD : Ben oui, il t'a vu partir comme ça là, il a cru que tu l'avais abandonné ; maintenant que tu es revenu, ça va mieux !

ALFONSE : Je vais nous chercher à boire. (*Alfonse se lève et va au bar*)

MARC : Qu'est-ce qu'il a ?

LÉONARD : Son ex !

MARC : Quel connard.

LÉONARD : Je crois que nous sommes unanimes sur ce point !

MARC : Il avait un béguin fou pour ce garçon, et ce, ce… « connard », lui, s'en foutait et a profité de lui ! On a essayé de lui dire mais… il me l'a tout cassé ! … (*silence*) Tu l'aimes bien.

LÉONARD : Oui, c'est une belle personne, Alfonse.

MARC : C'est bien… Tu me le répares, mon copain.

Alfonse revient avec un verre pour chacun.

LÉONARD : Ah voilà ! Alors ce soir, nous, on a décidé de faire la fête !

ALFONSE : Marc ?

Au fur et à mesure, le volume de la musique commence à augmenter.

MARC : Apparemment ! Alors les amis, on se la fait cette fête ? On a l'élixir (*montrant son verre*), on a un joli cadre, la musique, les amis…

On n'entend que la musique – Petites scénettes sur fond musical salsa. Marc et Léonard discutent, Alfonse esquisse quelques pas de danse. Ils discutent ensemble, boivent, trinquent, rient. Au bout d'un petit moment, Léonard prend Alfonse par la nuque et glisse ses doigts dans ses cheveux, ils se rapprochent pour discuter – sans autre contact – Marc les regarde et s'éloigne discrètement – Alfonse et Léonard ne le voient pas partir.
Alfonse commence à danser, Léonard fait quelque pas avec lui, puis Alfonse seul un peu plus équivoquement où il laisse entrevoir son torse à Léonard finit un genou au sol, chemise entrouverte.

NOIR

Douche sur Alfonse et Léonard.

Alfonse est toujours un genou au sol, Léonard debout à côté de lui. Léonard tend la main à Alfonse, il l'aide à se relever, lui remet la chemise sur les épaules, rabat les deux bords de chemise l'un contre l'autre, lui pose sa veste sur les épaules, ils se retournent, Léonard a le bras par-dessus son épaule, font quelque pas – pas trop assurés, ils ont beaucoup bu ce soir...

Lumière sur le lit – ils sont au pied de celui-ci.

Alfonse et Léonard enlèvent leur veste, l'exercice se montre un peu plus difficile pour Léonard.

Léonard prend la tête d'Alfonse entre ses mains.

LÉONARD : T'es un véritable joyau ! (*Il lui fait un tendre smack*) Oh ! C'est tout doux ! (*Il réitère son tendre baiser*) Comment on fait pour te résister ? (*Léonard s'écroule sur le lit comme une masse*)

ALFONSE : Ben on picole trop de cuba libre ! (*Léonard se met à ronfler*) Alors ça, mon cochon, tu vas me le payer !

NOIR

Scène 7

Il va le tuer, ce pauvre Léonard !

Dans la chambre d'hôtel d'Alfonse.
Léonard et Alfonse sont au lit. Léonard est sur le dos, Alfonse contre lui semi couché sur le ventre, une main écrase le visage de Léonard. Léonard commence à se réveiller, ouvre un œil et aperçoit Alfonse contre lui, la tête sur son torse. Doucement il tend son bras pour vérifier l'heure sur sa montre, il grimace, délicatement, avec le bout de son doigt il donne un petit coup sur Alfonse, il répète l'opération deux, trois fois jusqu'à ce qu'Alfonse se réveille.

ALFONSE : (*En s'étirant tout en continuant d'écraser la figure de Léonard*) Hurrrrmmm c'est l'heure ?

LÉONARD : Heu… oui.

ALFONSE : Houo… C'est dur !

Alfonse se lève et sort du lit en caleçon, il ramasse son pantalon qui traîne au sol et se dirige vers la salle de bains. Léonard, seul, est éberlué, se demandant bien ce qu'il peut faire dans le même lit que ce magnifique garçon. Il écarquille les yeux, regarde subrepticement sous la couette pour la rabattre aussitôt. Alfonse revient tout sourire dans la chambre chercher sa chemise qui trône sur le fauteuil. Léonard se rallonge sur le lit en se tenant le crâne.

LÉONARD : Ouch… Je me suis pris une cartouche hier soir !

ALFONSE : (*en partant à la salle de bains*) Et à moi, tu m'en as mis une belle ! (*Rentre dans la salle de bains*)

Léonard, surpris, s'assoit le dos droit comme un I dans le lit. Il entend Alfonse uriner.

LÉONARD : Heu... Ah ?...

Mal à l'aise, Léonard regarde à droite, puis à gauche, repère sa chemise, s'en empare et l'enfile aussitôt, il se lève à côté du lit. Il regarde surpris en direction de la salle de bains, il entend toujours Alfonse se soulager. Léonard enfile ses chaussettes, regarde ses pieds endimanchés alors que ses jambes sont nues. Alfonse a enfin fini ! Léonard enlève ses chaussettes, rapidement s'assoit sur lit, essaye de reprendre un peu de consistance, il borde ses jambes d'un coin de couette.

LÉONARD : Heu... Ah ? Ça a été ?... car j'avais beaucoup bu hier soir quand même, alors...

ALFONSE : ... Ça a été... surprenant... C'est bien la première fois qu'un mec me fait l'hélicoptère avec sa bite en guise de préliminaires !

De honte, Léonard se glisse tout entier sous la couette. Alfonse, bien qu'hilare, fait attention de ne pas le monter à Léonard pour le faire tourner encore un petit moment en bourrique. Alfonse donne un petit coup à Léonard toujours sous la couette.

LÉONARD : Y a personne !

Alfonse redonne un coup.

LÉONARD : Y a toujours personne !

On frappe à la porte.

LÉONARD : *(en s'aplatissant sous la couette)* Y a personne, j'vous dis !

ALFONSE : Je vais voir.

Alfonse se lève, va à la porte et l'ouvre.

MARC : Alfonse ! Dis-moi que tu as un doliprane.

Marc rentre en trombe dans la chambre, suivi d'Alfonse.

MARC : J'ai la tête comme un compteur à gaz !

ALFONSE : Je dois avoir ça.

Alfonse commence à fouiller dans son sac. De son côté, Marc repère les deux paires de chaussures, ne dit rien et décide de s'en amuser. Il se dirige vers le lit et s'assoit brutalement sur celui-ci.

MARC : Bien terminé hier soir ?

ALFONSE : Une bonne cuite, les dolipranes doivent être dans ma trousse de toilette. (*Il part dans la salle de bains*)

MARC : Il va le tuer, ce pauvre Léonard ! Il n'est plus de toute première jeunesse !

Regardant le lit et faisant en sorte qu'Alfonse n'entende pas – on voit la couette se froisser au niveau des poings – Marc rigole en douce.

ALFONSE : (*sortant de la salle de bains*) Tiens, les voilà.

MARC : (*se lève*) Merci ! Tu me sauves la vie ! Au revoir, Alfonse. (*se dirige vers la porte*) Au revoir, Léonard ! (*Sort*)

Léonard sort de sous la couette, elle passe au-dessus de sa tête, la tenant sous le menton par une main.

ALFONSE : Tu ne te souviens de rien, hein ?

LÉONARD : Si ! Si si…

ALFONSE : Ça t'a plu ?

LÉONARD : Oh oui ! (*Gêné, ne sait plus du tout comment s'en sortir*)

ALFONSE : Couillon ! Tu t'es écroulé comme une bûche sur le lit !

LÉONARD : (*sort de la couette*) Alors on n'a rien fait ?

ALFONSE : Rien.

LÉONARD : (*Soulagé*) Ouf !… Oh la vache !

ALFONSE : C'est un tel soulagement de savoir que tu n'as pas couché avec moi ?

LÉONARD : Non, canard ! Mais ne pas m'en souvenir, ça m'aurait vraiment fait chier… et puis… ça n'aurait pas été sérieux, pff, ah là là, n'importe quoi là… On a trop picolé là ! Vraiment trop ! (*Prend son téléphone et le regarde*) Il faut que je parte ! Ça va être chaud pour moi !

ALFONSE : Eh ben bon courage !

NOIR

Scène 8

Tu vas le trouver, ton doudou !

Au Bar de Luc.
3 jours après.

LÉONARD : Tu vois, moi ma première fois ne s'est pas aussi bien terminée que la tienne !

ALFONSE : Oui, je vois. Mais c'est vrai, avec Mathieu, nous ne nous sommes jamais réellement accrochés, même quand nous avons mis fin à notre relation, au bout de six ans. C'était une évidence pour nous deux, nous avions changé, ça s'est fait naturellement et on a toujours gardé une certaine complicité.

LÉONARD : Tu le vois toujours ?

ALFONSE : Oui, de temps en temps. C'est cool et je m'entends bien avec son mec.

LÉONARD : C'est bien ça !

ALFONSE : Ouais…

LÉONARD : Mais t'inquiète, tu vas le trouver, ton doudou !

ALFONSE : Mon doudou ? (*Souriant*)

LÉONARD : Ben oui… Il y en a bien un, quelque part, pour toi ! Ben, là, regarde, il y a plein de petits loulous ! Je suis sûr que certains n'attendent que ça !

ALFONSE : Pfff !

LÉONARD : Quoi pfff ? Si !

ALFONSE : Tu crois ?

LÉONARD : Mais enfin… oui, oui, suis certain ! Regarde là, à 14 heures.

Alfonse regarde sa montre – taquin.

LÉONARD : Mais qu'il est couillon !

ALFONSE : Oui ben quoi ?

LÉONARD : Le mec, ça va faire bien cinq minutes qu'il regarde dans ta direction ! On est d'accord, ce n'est pas moi qu'il mate !

ALFONSE : Et pourquoi ?

LÉONARD : Non, mais bon, t'as vu le tableau ?

ALFONSE : Ça va, tu as encore de beaux restes.

LÉONARD : Les restes te remercient !

ALFONSE : Ben quoi c'est vrai, t'es charmant, attentionné, tu as plein de qualités…

LÉONARD : Bon ça va maintenant !

ALFONSE : Quoi ? c'est quand même fou ça ! Tu ne supportes pas qu'on te complimente. Dès que ça dépasse le « t'es sympa », « t'es cool », tout le reste, tu ne veux pas l'entendre !

LÉONARD : Mais non, mais pfff…

ALFONSE : Mais quoi ? Tu as un truc, tu fais semblant de pas le voir, je ne sais pas ce que c'est, mais tu as un truc.

Silence – jeux de regards – Léonard commence à sourire presque jusqu'à rire.

ALFONSE : Non, je sais ce que tu vas dire comme connerie !

LÉONARD : Avoue que c'est tentant !

ALFONSE : Sois sérieux ! Prends, c'est un compliment, n'essaye pas de le tourner à la dérision comme d'habitude ! T'es un mec bien, c'est un comme toi qu'il me faut !

LÉONARD : Version améliorée, alors !

ALFONSE : Ben voilà ! Tu ne peux pas t'en empêcher ! Ton mec ne serait pas resté plus de 20 ans avec toi si tu n'étais pas aussi bien !

LÉONARD : Bon, arrête !

ALFONSE : Tu veux que j'en refoute une couche ?

LÉONARD : Non. Mais ça me met mal à l'aise.

ALFONSE : Je vois bien.

LÉONARD : Ben alors.

ALFONSE : Alors t'es un mec bien !

Un silence s'installe.

LÉONARD : Ben alors… le petit loulou là qui te mate.

ALFONSE : Ou toi !

LÉONARD : Ou moi. Bon, tu verras ça quand je partirai. On ouvre les paris qu'il vient t'offrir un verre dans les cinq minutes où je suis parti !

ALFONSE : Mais n'importe quoi ! Tu veux faire des paris…

LÉONARD : Il ne te plaît pas ?

ALFONSE : J'sais pas…

LÉONARD : Il a ton âge, il est bien gaulé, très beau sourire, regard rieur, tu as l'air de lui plaire…

ALFONSE : Oui tu as raison, il est plutôt pas mal… pas mal mais semble être rejoint !

LÉONARD : Un pote !

ALFONSE : … Tu leur fais une soupe de langue toi à tes potes quand tu leur dis bonjour ? C'est une coutume locale ?

LÉONARD : Bon celui-là il est pris, open, mais déjà en main… Mais il y en a d'autres…

ALFONSE : Ouais… reste à trouver le bon !

LÉONARD : Mais tu vas trouver, canard !

ALFONSE : Canard ? Ce n'est pas la première fois que tu m'appelles comme ça !

LÉONARD : C'est sympa un canard, non ?

ALFONSE : Je n'ai pas intérêt à t'appeler Castor.

LÉONARD : Pourquoi ?

ALFONSE : Tu ne sais pas pourquoi les castors ont la queue plate ?

LÉONARD : Non mais ça va pas ? De dire des trucs comme ça ! Mais n'importe quoi ! Je m'inscris en faux ! D'habitude c'est moi qui sors ce genre de trucs.

ALFONSE : Tant que tu ne sors que ça !

LÉONARD : Non mais ça va pas ? Tu n'as pas le droit de me voler mes répliques ! Merde, ça fait deux, non, trois fois que tu me fais le coup ! … Marre toi, oui !

ALFONSE : Tu me fais rire !

LÉONARD : C'est malin, on disait quoi ?

ALFONSE : Tu avais en tête de me trouver un doudou parmi ces loulous.

LÉONARD : Ah oui, les petits loulous…. Alors zieutons ! (*Sourire et regard tendre d'Alfonse*)

ALFONSE : Zieutons ! Toi et tes expressions…

LÉONARD : À la mords-moi le nœud.

ALFONSE : Comme tu dis ! (*En rigolant*)

LÉONARD : Oh si, regarde là (*lui indiquant devant sur la droite*), le rouquin ! Brrr, il est vraiment pas mal.

ALFONSE : Le gars là-bas avec la fille aux grandes créoles ?

LÉONARD : Heu, ah oui, il est vraiment canon lui ! Et puis ce sourire pleines dents ! Moi je craque pour des mecs comme ça !

ALFONSE : Tu as quand même remarqué qu'il y a de fortes chances pour qu'il soit hétéro, on voit bien que ce n'est pas sa colloc, la meuf avec.

LÉONARD : On s'en fout de la meuf !

ALFONSE : Oui toi, mais peut-être pas lui !

LÉONARD : C'est le drame de ma vie, je craque que sur des hétéros !

ALFONSE : J'ai aucune chance, alors !

LÉONARD : À chaque règle, son exception !... Non mais franchement, tu le trouves pas bien ?

ALFONSE : Je croyais qu'on zieutait pour moi !

LÉONARD : Oui c'est vrai... alors... oh la nana là ; non mais tu as vu comme elle est canon ?

ALFONSE : Les filles maintenant !

LÉONARD : Non mais tu as vu comme elle est gaulée, sans rire ! Elle est vraiment magnifique !

ALFONSE : C'est vrai qu'elle est particulièrement jolie !

LÉONARD : La vache oui !… Je vais devoir te laisser.

ALFONSE : Déjà ?

LÉONARD : Eh oui, le travail… Oh ? Tu boudes ?

ALFONSE : Non ! Mais je croyais que tu allais encore zieuter pour moi.

LÉONARD : J'aurais bien aimé, mais le devoir m'appelle !

ALFONSE : Je sais, je n'ai pas vu le temps passer !

LÉONARD : Bon, ben toi, continue de mater ! Je suis sûr que tu vas trouver un petit loulou ; regarde, il fait beau, mois de mai, les hormones sont en ébullition, il fait chaud, un avant-goût des vacances, ils sont chaud patate les mecs ! C'est le Sud, ici !

ALFONSE : Je vais suivre tes conseils alors !

Léonard se lève.

LÉONARD : Allez, j'y vais. À bientôt, beau gosse !

ALFONSE : À plus !

LÉONARD : J'te fais pas la bise, je ne voudrais pas qu'on me prenne pour un PD !

ALFONSE : Niquedouille ! Pour reprendre une de tes expressions !

LÉONARD : Bisous ! (*Il part*)

ALFONSE : Bisous.

Léonard part.

ALFONSE : Je ne sais pas ce que c'est, mais il a un truc !

NOIR

Scène 9

Par contre, à partir de la troisième, Alfonse, je commence à répondre !

Quelques jours après dans la chambre d'hôtel d'Alfonse.

Alfonse et Léonard sont en train de travailler sur le texte d'Alfonse. Alfonse est assis sur le lit en train de noter sur ses feuilles, Léonard assis dans le fauteuil en train de lire.

LÉONARD : Alors ça, c'est vraiment très drôle !

ALFONSE : Le job d'été ?

LÉONARD : Oui !

ALFONSE : Je l'ai fait hier soir, en revenant de chez ma sœur, elle m'a rappelé ma galère que j'ai eue pour mon premier boulot et voilà !

LÉONARD : Ça me fait bien marrer !

ALFONSE : Tu me l'as rendu, le texte du prisonnier ?

LÉONARD : Oui, il y a une semaine ! Le soir où on s'est pris la murge ! Ça je m'en souviens, je te l'ai rendu avant le premier cuba libre !

ALFONSE : Putain je ne sais pas où je l'ai foutu !

LÉONARD : Ah, si depuis, t'as pas remis la main dessus, à mon avis c'est mort, soit il n'a jamais refranchi le seuil de la porte ou alors tu l'as laissé traîner et la femme de chambre l'a jeté.

ALFONSE : Fait chier.

LÉONARD : Tu l'as bien sur ton ordi ?

ALFONSE : Oui, mais il y avait des annotations ! Pas grave.

Léonard et Alfonse se lèvent et se retrouvent au pied du lit.

LÉONARD : Eh ben, tu as bien travaillé !

ALFONSE : Merci.

LÉONARD : Ah ben pas de quoi !

ALFONSE : C'est cool, j'aime bien faire ça avec toi. (*Se rapproche*)

LÉONARD : Moi je me régale, en plus c'est vraiment bien, il y a un bon mix dans tout ce que tu proposes, on te découvre de manière humoristique et il y a un petit côté nostalgique qui, moi, me plaît beaucoup !

ALFONSE : Je suis content !

Alfonse s'approche très près de Léonard, timidement approche ses lèvres des siennes, une main parcourt le bras de Léonard – Léonard recule juste la tête – Alfonse et Léonard reprennent leur position initiale, Alfonse, retente une approche pour l'embrasser, se montrant plus suggestif – Léonard recule d'un pas, bras en avant.

LÉONARD : Qu'est-ce-que tu fais Alfonse, là ?

ALFONSE : Ben, tu vois…

Alfonse se rapproche de Léonard, petit mouvement de la tête lui suggérant le lit.

LÉONARD : Non, non, non, c'est quoi ça ? Ça ne va pas, ça !

ALFONSE : (*contrarié*) Tu n'as pas envie !

LÉONARD : Non !

ALFONSE : Tu n'as pas envie ?

LÉONARD : Mais enfin, non, Alfonse !

ALFONSE : (*Agacé*) Non mais dis donc, tu me fais pourtant un sacré rentre-dedans quand même !

LÉONARD : Ce n'est pas sérieux enfin, c'est pour rire !

ALFONSE : Pour rire ?

Alfonse, hors de lui, donne une gifle sur la joue droite de Léonard, il s'éloigne de colère. Léonard, penaud, encaisse la gifle et se passe la main sur sa joue rougie.

LÉONARD : Ouchh ! On n'a pas le même humour !

ALFONSE : (*en colère*) Pour rire ??… Pour rire. C'est vrai que c'est tordant ! Qu'est-ce qu'on rigole ! Non mais regarde-moi là, tu vois comme je suis, j'en ai mal aux côtes tellement je me marre (*bras croisés faisant des mouvements de cisailles au niveau de ses côtes. Reprend son souffle – plus calme – se rapproche doucement de Léonard*) Mais… enfin Léonard, la soirée où on a trop picolé mise à part, moi j'y ai répondu quand même, Depuis une semaine, je n'ai pas « rien dit », je t'ai envoyé des signaux, enfin merde, tu as remarqué ?

LÉONARD : Mais t'as fait ça par gentillesse, pour me faire plaisir.

Alfonse redonne une gifle sur la joue gauche cette fois. Il s'éloigne.

ALFONSE : Sérieux ?

Comme pour la première, Léonard encaisse la gifle et se passe la main sur sa joue.

LÉONARD : Ouchh ! Ben c'est bien, comme ça, ça équilibre !

ALFONSE : (*de plus en plus en colère, le ton monte*) Pour te faire plaisir ? C'est ça ! J'ai fait ça pour te faire plaisir… La pitié… J'ai eu de la pitié pour toi, c'est ça ? Mais, merde, Léonard !

Alfonse commence à vouloir se rapprocher de Léonard mais s'arrête net quand Léonard reprend la parole.

LÉONARD : (*ton sec*) Par contre, à partir de la troisième, Alfonse, je commence à répondre ! (*Très léger mouvement de la main*)

ALFONSE : C'est pathétique ! … C'est pathétique, Léonard ! (*Reste à sa place*)

Alfonse est très en colère, Léonard se dirige vers la table de nuit où est posée sa veste, Alfonse va s'assoir au pied du lit – ils se regardent sans rien dire quelques secondes – Alfonse reprend d'une voix douce et triste.

ALFONSE : C'est pathétique.

Léonard reste planté quelques secondes, puis prend sa veste dans la main et se dirige doucement vers la porte.

ALFONSE : (*écœuré*) T'as raison… Casse-toi… Casse-toi, t'es lâche ! T'es nul, Léonard. T'es nul !

Léonard s'arrête, attend une seconde, se retourne doucement en direction d'Alfonse, le regarde dans les yeux, s'approche doucement, pose sa veste sur le lit – passe une main sur la nuque d'Alfonse toujours assis, Léonard penché, serre un peu une poignée de cheveux – se met front contre front, on entend que sa respiration courte, ils restent comme ça 4 secondes – il le lâche, recule d'un pas, reprend sa veste et commence à s'éloigner en reculant d'Alfonse sans lui tourner le dos sur 4, 5 pas – s'arrête, fait demi-tour et sort.

ALFONSE : Merde ! (*De colère*)

NOIR

Scène 10

Je me suis senti tellement aimé…

Dans la chambre d'Alfonse.
Marc et Alfonse.

Alfonse ne va pas bien, Marc est plutôt remonté contre lui.
Alfonse est assis par terre contre le pied de lit, Marc assis dans le fauteuil.

MARC : Tu déconnes, mais quoi ? Tu l'as pris pour un lapin de 6 semaines ? Je te rappelle qu'à 19 ans, il tenait un bar à putes et que ses potes c'étaient les patrons de la pègre ! D'ailleurs, je n'ai toujours pas compris ce que pouvait faire la mafia sicilienne à Clermont-Ferrand ? Tu sais toi ? Il y a une plaque tournante de la betterave là-bas ? Si quelqu'un a des infos, je suis preneur ! … Plus sérieusement, Alfonse, il en a vu d'autres ! Tu as vu sa vie !

ALFONSE : C'est ça, tu prends sa défense !

MARC : Tu m'as bien demandé de lui laisser une chance ? … Et puis, j'te rappelle, mon p'tit coco, le premier soir, en lui disant que son mec ne devrait pas le laisser sortir seul car il est charmant ; tu n'avais pas de vues sur lui ce soir-là ! Et pourtant là, tu l'as allumé ! (*Coupant la parole à Alfonse*) Non, non, non, je te vois venir. Oui il t'a dit que tu étais beau, oui il t'a complimenté, beaucoup complimenté, peut-être trop, d'accord, mais rien d'autre, rien d'équivoque ce soir-là, et il ne t'a pas allumé ! Vrai ou pas ?

ALFONSE : Vrai.

MARC : Merci ! Donc c'est bien toi la petite salope !

ALFONSE : Ah non ! Pas ce soir-là ! ... mais il a été tellement gentil... pff... on a discuté de tout de rien... ça m'a fait tellement de bien, j'avais un peu oublié, pour une fois, toute cette merde que je traîne derrière moi...

MARC : Oui, ben laisse-la derrière justement et avance ! ... Je veux bien croire qu'il ait fait ou dit des trucs qu'il ne fallait pas, qu'il ait joué au con... c'était si important ? ... Mais il ne méritait certainement pas que tu lui donnes une gifle !

ALFONSE : Deux !

MARC : Deux ? T'exagères, là... Deux ! Pff... et il ne t'en a pas recollé une en retour ?

ALFONSE : Non, il m'a dit qu'il répondait à partir de la troisième, alors je me suis arrêté là.

MARC : (*mouvements désapprobateurs de la tête*) Mais Alfonse, tu attends quoi de ce garçon ? Je ne comprends pas. Tu le sais au moins ? Tu veux quoi de plus qu'il t'a apporté ? Ah, mais ne me regarde pas comme ça ! Je ne peux pas savoir pour toi ! Mais ce que je constate quand même, c'est que depuis quelques semaines, je te retrouve. Regarde, tu as repris l'écriture, l'autre jour je t'ai entendu parler de nouveaux projets, ça faisait un moment que tu te projetais plus, Alfonse, tu rigoles de nouveau, oui de nouveau ! Je le connais ton petit sourire de façade ! Tu bouges, t'es plein d'entrain, tu redeviens celui que tu étais ! Tu es heureux... enfin... c'est l'impression que ça donne.

ALFONSE : Je suis perdu, Marc...

MARC : Pas autant que tu le penses... Beaucoup moins perdu qu'il y a quelques semaines en tout cas !

ALFONSE : Je sais plus… C'est quoi alors ?

MARC : Qu'est-ce que j'en sais ! Appelle ça comme tu veux. De l'amitié, de l'amour. Peu importe les mots, c'est le sens que tu veux leur donner qui a de l'importance ! Et alors l'amitié ça doit être comme ça et l'amour comme ça ? On stéréotype tout ? On met tout dans des cases ? Pas à nous ! Et alors quoi ? À ce compte, nous aussi on descend dans la rue avec une pancarte à la main « un papa une maman » ! (*Imitant un militant poing levé*) « Un papa, une maman, un papa une maman », comme tous ces « bas du front » de la manif pour tous qui traînent leurs chiards, qu'ils n'arrivent même pas à élever pour la bonne moitié, pour leur dire comment devra être leur vie amoureuse et sexuelle plus tard ! Allons ! Oui, ils m'énervent ! Mais tu vois ce que je veux dire… Sommes-nous condamnés à n'aimer qu'une seule personne ? C'est ça ? Et si on aime, ça doit être forcément comme ça ou comme ça ? Il y a des choses qu'on doit faire et pas d'autres ?… (*silence*) Tu voudrais quoi ? Qu'il quitte son mec ? (*Alfonse fait « non » de la tête*) Ben non ! Et puis il ne le quittera jamais !… Et puis ta vie est à Paris, Alfonse, la sienne à Montpellier… Tu n'es que de passage ici, Alfonse, que de passage. (*Silence*)

ALFONSE : Je sais qu'il ne le quittera jamais, et puis ce n'est pas ce que je veux, ce que je recherche, je ne me projette même pas dans cette situation… Je ne veux pas détruire sa vie… Je n'y vois pas bien clair, et non, comme tu dis, ce n'était pas vraiment important, pas l'essentiel, mais ce que je sais, c'est que ce soir-là, je le voulais, rien que pour moi, que je sois son centre du monde, juste une nuit… Je me suis senti tellement aimé… tellement… Je voulais lui rendre… lui montrer que moi aussi…

MARC : Ah ben on commence à y voir plus clair ! (*Va s'assoir sur le lit à côté d'Alfonse*)… C'est un sentimental, ton Léonard, un hyper sentimental… Tu sais plus ce que c'est… Il a peut-être cru que tu prenais ça pour un jeu à son tour, que tu croyais que

c'était que pour la bagatelle qu'il se montrait plaisant avec toi...
Il n'a peut-être pas cru... Je ne sais pas, Alfonse.

ALFONSE : Je suis mal... Marc...

MARC : Écoute, comme je t'ai dit, nous ne suivons pas tous les mêmes desseins, chacun son parcours, chacun construit comme il l'entend. L'amour est bien plus complexe que dans les contes de fées, hein ? Il peut revêtir plusieurs formes, rien n'est défini d'avance. Ce sont de vieux écueils, de vieux poncifs, je sais, mais c'est vrai.

ALFONSE : Ouais...

MARC : Je dois y aller, Alfonse, je ne peux pas rester plus longtemps. (*prend son sac et sa veste*) Et puis sors de là ! 5 jours que t'es enfermé dans cette chambre, ça pue le fennec... Et puis prends le temps de bien réfléchir ! Sois honnête avec lui, tu ne peux pas lui faire tourner la tête comme ça, à ce garçon, et sois surtout honnête avec toi, c'est le meilleur conseil que je puisse te donner. (*On frappe à la porte*) Bon, va voir ce que c'est et je pars.

Alfonse se lève, va à la porte, l'ouvre – on entend sans les voir.

BENOIT : Bonjour. Vous êtes Alfonse ?

ALFONSE : Oui.

BENOIT : Benoit ! Le conjoint de Léonard.

ALFONSE : ... Bonjour

BENOIT : Je crois que nous devons parler. Vous ne pensez pas ?

NOIR

Scène 11

Mes joues s'en souviennent encore

1 jour plus tard.
Dans la chambre d'hôtel d'Alfonse.
Marc et Alfonse.

Marc a son manteau sur lui, chapeau et valise à ses pieds avec son sac.

MARC : Bon, alors tu rentres dans 10 jours, c'est ça ?

ALFONSE : Oui, je t'appelle quand je suis rentré.

MARC : Allez, fais attention à toi et téléphone-moi au besoin… T'inquiète !

ALFONSE : Merci.

On frappe à la porte.

MARC : Je t'embrasse (*ils se font la bise*), ne bouge pas, je lui ouvre en sortant ! À bientôt.

ALFONSE : À bientôt.

Alfonse va s'assoir dans le fauteuil, Marc sort et ouvre la porte.

LÉONARD : Bon…

MARC : Toi aussi, tu as joué au con !

La porte claque – Léonard rentre un peu surpris.

LÉONARD : Ok ! (*S'avance dans la chambre, voit Alfonse*) Alfonse !

ALFONSE : Léonard !

Léonard va s'assoir au pied du lit. Ils se jettent des regards puis les détournent plusieurs fois – un silence s'installe – Léonard appuie le regard.

ALFONSE : Je n'aurais pas dû. (*Léonard insiste du regard*) Ce n'est pas moi ça… les baffes. (*On entend à peine le dernier mot*)

LÉONARD : (*passant la main sur ses joues*) Ah ben, mes joues s'en souviennent encore, ce n'est pas comme les draps ! (*Alfonse hausse les épaules – petit sourire*) Je l'ai un peu mérité…. Je n'ai pas été très honnête.

Un long silence s'installe.

ALFONSE : Tu l'aimes Benoit ?

LÉONARD : 22 ans, ça fait 22 ans que je suis avec lui, Alfonse. 22 ans, c'est tout une vie. (*Alfonse se lève et vient s'assoir à côté de Léonard*) Alors oui, je ne vais pas te dire que c'est comme au début. Au début, on a hâte qu'il arrive pour le voir ; après 22 ans, on a hâte de le voir sortir de la maison ! Il y a certainement une petite routine, même si on essaye… mais le boulot, les emmerdes, la vie… Mais il partirait, il partirait avec une partie de moi. On pense souvent la même chose au même moment, on n'a pas besoin de parler pour savoir ce dont a besoin l'autre. Tu vois, ça fait 6 jours que Benoit ne m'a pas cassé les couilles, et pourtant, crois-moi, c'est sa spécialité ! Nos ADN ont fusionné avec le temps ; je suis devenu un peu lui, il est devenu un peu moi. Je ne serais plus moi si j'étais sans lui, et inversement… Tu sais, une routine, tu peux en rompre ; une habitude, tu peux en changer… mais ton ADN ? … (*Alfonse attentif pose la main sur son épaule, la serre un peu et enlève sa main*) En 22 ans, j'ai trompé Benoit qu'une seule fois… J'étais fou amoureux… Tu me fais beaucoup penser à lui…

ALFONSE : Tu as eu envie de quitter Benoit pour lui ?

LÉONARD : Oui… 30 secondes. (*Sincère, appuyé par un mouvement de la tête – léger sourire*)

ALFONSE : Qu'est-ce qu'il s'est passé ?

LÉONARD : Il s'est passé que je me suis brûlé les ailes !

ALFONSE : Ah ?

LÉONARD : La première fois que je l'ai vu je me suis dit « waouh ! »… juste… « waouh ». Je me souviendrai toujours de son regard ce soir-là. Tu vois, quand je ferme les yeux et que je pense à lui, c'est ce regard-là que je vois. Ce n'était pas un garçon pour moi, je le savais (*regard interrogatif d'Alfonse*), il était trop… trop doué, trop intelligent, trop beau, trop talentueux, trop tout ! On a sympathisé, je n'ai rien vu venir, ou si, je l'ai vu venir, mais je me faisais violence. Et puis un soir, j'ai réalisé que je l'aimais vraiment, j'étais ferré, alors je me suis dit pourquoi ? C'est vrai, pourquoi garder ça en soi ? Je lui ai donné le maximum d'amour que je pouvais, sans jamais rien lui demander en retour. Je n'attendais rien d'ailleurs. Juste sa présence, sa gentillesse me suffisaient, être avec lui… Il était sincère avec moi, gentil… Et puis, il y a ce truc irrationnel. Son odeur… son odeur, elle me rendait dingue son odeur, tu peux rien y faire, tu peux pas le contrôler, c'est comme ça, c'est plus fort que toi, tu peux pas lutter, tu peux pas… Son odeur… J'étais comme un fou, les moindres petites cellules de mon corps s'entrechoquaient les unes aux autres, de l'électricité parcourait mon corps tout entier… Son odeur… Elle m'apaisait et m'excitait en même temps… (*silence*) C'était pas un garçon pour moi, je le savais, je me suis brûlé les ailes.

ALFONSE : Et lui ?

LÉONARD : Lui ? Il était parfait.

ALFONSE : Il t'a aimé ?

LÉONARD : Je crois… On ne peut pas mettre un oiseau en cage ! (*Regard interrogatif d'Alfonse*) Tant qu'il prenait ça pour de l'amitié ça allait, après les choses se sont compliquées. Certainement que ça faisait un moment qu'on n'avait pas été gentil avec lui, ça l'a troublé… Je n'étais pas l'homme de sa vie. Sa vie était ailleurs. J'ai fait ce qu'il fallait faire, même si ça m'en a coûté. J'avais plus d'expérience, après tout ! C'était sans issue.

ALFONSE : Tu as paniqué ?

LÉONARD : Un peu… J'étais à ça de craquer… à ça. Il ne fallait pas aller plus loin. (*Silence*)

ALFONSE : (*posée au début, la respiration devient de plus en plus courte, pour, à la fin, être à deux doigts de ne plus arriver à respirer*) Tu sais, je crois que ce garçon, que je ne connais absolument pas, est tombé amoureux de toi bien avant qu'il s'en rende compte lui-même. Je crois qu'il le savait que tu ne quitterais jamais ton Benoit, que tu aimes. Moi je crois qu'il s'est fait surprendre, mais, ce n'est pas ça l'amour ? Ça te tombe toujours dessus sans prévenir. Je crois aussi que tu n'avais pas le droit de prendre une décision à sa place. Je crois qu'il a vu quel chic type tu étais. Je crois que tu l'as rencontré au moment où il en avait le plus besoin justement. Je crois qu'il a vu que tu l'aimais profondément… mais il a envie de t'aimer ce garçon, il ne sait pas comment encore, pas quelle forme cela prendra, il sait que ce sera pas simple comme dans un conte de fées, mais il a envie d'essayer, de ne pas en rester là, de faire quelque chose, pas que ça finisse comme ça, et il s'en fout de tes 10 ans de plus et de ta bedaine. Il a envie d'être ton canard, Et là, là, je crois qu'il faut vraiment que tu dises quelque chose, vraiment, que tu fasses quelque chose, car je panique, je…

Léonard fait un smack à Alfonse, puis après ils s'embrassent (vrai baiser) ils se regardent – sourire – Léonard se lève.

LÉONARD : Bon, ben ! On n'est pas dans la merde !

Alfonse rigole et se lève. Ils sont tous les deux au pied du lit – ils se montrent tendres l'un envers l'autre.

ALFONSE : Maintenant que le mal est fait, ça ne te dirait pas, de pas le tromper ? (*Lui indiquant le lit*)

LÉONARD : Un p'tit plan cul ? (*Souriant*)

ALFONSE : Ben…

En souriant – s'approche, commence à lui déboutonner les premiers boutons de chemise – Léonard est un peu gêné et ralentit la main d'Alfonse.

ALFONSE : Tu préfères peut-être comme ça ? (*Il claque des doigts*)

NOIR

LÉONARD : Ah non ! (*Tape du pied au sol*)

LUMIÈRE

LÉONARD : Ah ben non (*tire le deuxième bouton de la chemise d'Alfonse vers lui en regardant son torse par-dessus*), non, je veux profiter de tout ça, moi…

NOIR

Scène 12

Elle était très belle, notre histoire !

Quai de la gare.
Léonard et Alfonse en avant-scène.
Alfonse arbore son large sourire taquin. Léonard est triste mais ne veut pas le montrer, il donne le change, il sourit mais de temps en temps laisse apparaître sa tristesse.

Alfonse a son sac de voyage à côté de lui. Ils se tiennent à un petit mètre de distance.

VOIX SNCF : Tut, tut, tut, tut, tut. Le TGV numéro 70872, en provenance de Nîmes et à destination de Paris, va rentrer en gare voie A. Éloignez-vous de la bordure du quai, s'il vous plaît.

Léonard fait un pas en avant et regarde à droite et à gauche pour voir si le train arrive.

VOIX SNCF : Mais t'es con toi, j'ai dit : éloignez-vous de la bordure du quai !

Léonard fait un pas en arrière.

VOIX SNCF : Ah ben quand même !

LÉONARD : Ça y est, ton train va arriver.

ALFONSE : Oui.

LÉONARD : C'est bon, tu as tout ?

ALFONSE : Oui.

LÉONARD : Argent, monnaie, ticket, passeport ?

ALFONSE : Oui.

LÉONARD : Tu as bien ta bouteille d'eau ?

ALFONSE : Elle est là !

LÉONARD : Tu as tout alors ?

ALFONSE : Oui !

LÉONARD : … Elle était très belle notre histoire ! (*se rapproche de lui avant de lui parler en face*)

ALFONSE : Oui… Tu es triste ?

LÉONARD : Un peu… beaucoup… Très ! (*ton léger*)

Alfonse lui fait un léger sourire – Léonard sort une lettre de sa poche et la donne à Alfonse.

ALFONSE : C'est quoi ?

LÉONARD : Tu la liras dans le train… Je n'aime pas trop les adieux sur les quais de gare.

Alfonse met la lettre dans sa poche et lui fait un tendre smack.

LÉONARD : Allez, file, beau gosse ! Ne va pas louper ton train !

ALFONSE : Tu diras à Benoit qu'il avait raison (*en réajustant la veste de Léonard*)… C'est très difficile de se séparer de toi une fois qu'on s'est attaché !

LÉONARD : Quand...

ALFONSE : Tu lui diras ? (*Léonard fait « oui » de la tête*) Et fais un peu plus attention à lui. Tu le feras ? (*Léonard acquiesce de la tête*)

LÉONARD : File !

Alfonse sort la lettre de la poche et la déchire.

LÉONARD : Qu'est-ce que tu fais ?

ALFONSE : Tu me le diras de vive voix, je redescends dans 15 jours ! C'est pratique, ces abonnements ! Disons que je serai... souvent « de passage » ! (*Large sourire de Léonard – Alfonse contre lui*) Elle commence plutôt pas mal, notre très belle histoire... d'amour !

NOIR

– FIN –

Remerciements

Parce que le théâtre est une aventure. Parfois empreint de moment de solitude, de doutes, voire de peines, le théâtre, c'est aussi de l'excitation, de la joie, un shoot d'adrénaline. Le théâtre est plus que ça, il y a les rencontres, nombreuses, riches et nourrissantes…

Merci à toi, Pierric, qui partages ma vie depuis plus de 20 ans, vivre avec moi n'est pas toujours chose aisée, tu me le rends bien !

Merci à ma mère, Maryse, mon premier soutien.

Une grande pensée à toi, Valérie, ma sœur, pour ton soutien indéfectible de tous les jours.

Merci à toi, Camille (la chenille !), j'ai fait mes premiers pas à tes côtés quand je suis arrivé à Montpellier aux côtés de Christian Fabrice.

Merci à toi, Cédric Telles – mon chouchou – pour ces moments passés et à venir ! Vives les KATCH impro que j'ai l'occasion d'organiser avec toi et Jacques Antoine.

Merci à toi, Marick Revollon – ma jolie créature rousse – merci pour tout, ton soutien, ton professionnalisme, et de nous avoir filé ce magnifique cadeau que le KATCH impro.

Merci à vous, les copains du BAO, Jordy, Manue, Fabien, Pascal, Antoine… et tous les autres, merci encore pour votre soutien et bienveillance !

Mais il y a aussi des mojitos ! Merci infiniment à toi, Maryan, pour cette préface, ainsi que de mettre en scène cette pièce qui m'est si chère. Merci à la compagnie des 2 lunes et à Benjamin pour votre accompagnement.

Merci Hadrien d'avoir accepté de nous suivre dans ce projet.

Merci à Yoann Laurent-Rouault de JDH Éditions pour sa confiance.

Et enfin,

Merci à d'autres de m'avoir inspiré !

Note de l'auteur

Jean Marboeuf m'a dit : « Quand on est auteur, on est toujours jeune. »

Je m'appelle Cédric, j'ai 50 ans, je suis un jeune auteur.

Autodidacte de nature, j'enchaîne différents métiers qui me serviront plus tard à établir une galerie de personnages. Attiré très tôt par le théâtre, j'imposais, enfant, le programme télé à mes parents pour ne pas louper une diffusion d'*Au théâtre ce soir*. Très jeune je fréquente le milieu de la nuit et quitte le lycée l'année de mon baccalauréat pour, à 20 ans, tenir un cabaret. Quelques années plus tard, je quitte ce milieu pour devenir, sans aucun diplôme, ingénieur de tests en informatique dans un grand groupe français. Je consacre tout mon temps libre à ma véritable passion, le théâtre. Au fur et à mesure des années, je m'y consacre entièrement, ce qui, je peux le dire, me maintient en vie. Ce besoin de la troupe, du public, de vivre les émotions ensemble, ce besoin de se retrouver, de « communier », de ressentir et faire vibrer les émotions des personnages me dévore.

Les années passent et l'écriture devient alors pour moi un moyen d'expression primordial pour faire passer mes émotions. Je couche alors sur le papier plusieurs sketchs qui seront joués en amateur, et de nombreuses scènes qui resteront inconnues de mon entourage, mais au moins les personnages y vivent libres, ils ne sont plus enfermés dans ma tête.

Tout au long de mon parcours, certains ont cherché à trouver une différence entre eux et moi, pour le travail, la recherche d'un logement, les relations amicales, me conseillant sous une fausse bienveillance d'éviter de la dire, cette différence. De rester au placard, en somme !

Moi, au placard ?

Et pourquoi mon histoire d'amour serait-elle moins belle que la leur ?

L'amour entre Alfonse et Léonard est beau et sincère. À l'heure du délitement des liens humains, accentué par les crises sanitaires, du repli identitaire exacerbé, vous ne trouverez dans *Alfonse* aucun militantisme, je revendique juste mon droit à l'indifférence ! Et peut-être aussi un droit, pour tous, à la chaleur humaine.

Alfonse est ma première pièce, le plus personnel de mes écrits, celui qui me touche le plus.

Léonard me ressemble beaucoup, je me retrouve en lui, bien qu'il ait ce petit « truc en plus » propre aux personnages de fiction. Un garçon sincère au passé trouble, un garçon romantique, que j'étais, que je ne suis plus, abîmé par le temps. Un garçon complexé, parfois pathétique comme je peux l'être. Mais un garçon plein d'aisance au travers de ses doutes, comme le garçon que j'aimerais être. Léonard est très beau quand il cherche pour Alfonse, son « doudou » dont il est fou amoureux, un autre homme qui lui semblerait plus à la hauteur. Ce garçon-là, avec une telle abnégation, un tel recul, je ne le serai jamais.

Moi, face à Alfonse, je ne serai pas à la hauteur ; d'ailleurs, je ne l'ai pas été.

Cédric

Préface..7

Scène 1 – Je suis un peu en désordre aujourd'hui !................. 11
Scène 2 – Hasard ou coïncidence ?.................................... 21
Scène 3 – Ni hasard ni coïncidence pour le coup !................. 30
Scène 4 – Vous avez le même humour avec Alfonse !............ 44
Scène 5 – C'est plutôt de la semi-liberté !............................ 56
Scène 6 – Qui a osé voler ton joli sourire ?......................... 61
Scène 7 – Il va le tuer, ce pauvre Léonard !......................... 72
Scène 8 – Tu vas le trouver, ton doudou !........................... 76
Scène 9 – Par contre, à partir de la troisième, Alfonse, je commence à répondre !... 84
Scène 10 – Je me suis senti tellement aimé…..................... 89
Scène 11 – Mes joues s'en souviennent encore 93
Scène 12 – Elle était très belle, notre histoire !.................... 98

Remerciements... 101
Note de l'auteur.. 103

Suivez **JDH Éditions** sur les réseaux sociaux
pour en savoir plus sur les auteurs,
les nouveautés, les projets…

Inscrivez-vous à notre Newsletter sur
www.jdheditions.fr
Pour recevoir l'actualité de nos nouvelles
parutions